职业教育规划教材——公路与桥梁类

桥涵工程施工
工作页

主　编　曲元梅　高培山　杨万忠

主　审　刘新翠　李　静

西南交通大学出版社

·成　都·

图书在版编目（CIP）数据

桥涵工程施工工作页 / 曲元梅，高培山，杨万忠主编. —成都：西南交通大学出版社，2023.1
职业教育规化教材. 公路与桥梁类
ISBN 978-7-5643-9162-1

Ⅰ. ①桥… Ⅱ. ①曲… ②高… ③杨… Ⅲ. ①桥涵工程 – 工程施工 – 职业教育 – 教材 Ⅳ. ①U445.4

中国国家版本馆 CIP 数据核字（2023）第 005487 号

职业教育规化教材——公路与桥梁类

Qiaohan Gongcheng Shigong Gongzuo Ye

桥涵工程施工工作页

主编　曲元梅　高培山　杨万忠

责任编辑	王同晓
封面设计	墨创文化

出版发行	西南交通大学出版社 （四川省成都市二环路北一段 111 号 西南交通大学创新大厦 21 楼）
邮政编码	610031
发行部电话	028-87600564　028-87600533
官网	http://www.xnjdcbs.com
印刷	四川森林印务有限责任公司

成品尺寸	185 mm×260 mm
印张	11.75
字数	261 千
版次	2023 年 1 月第 1 版
印次	2023 年 1 月第 1 次
书号	ISBN 978-7-5643-9162-1
定价	33.00 元

课件咨询电话：028-87600533
图书如有印装质量问题　本社负责退换

前　言

我院积极响应人力资源和社会保障部一体化课程教学改革试点工作，认真学习、调研、探索，启动了一体化课程教学改革。

本工作页为桥涵工程施工理实化课程教材。为培养经济发展需要和符合国家技能培养标准的技能人才，本工作页通过典型工作任务分析构建课程体系，通过体系化的问题引导，指导学生在完整的工作过程中进行理论、实践一体化的学习。

本工作页根据课程的特点设置，淡化教师的讲解，强化学生的学习主动性和实操性，旨在培养学生的学习能力、协作能力、动手能力，资料检索、收集，阅读及应用能力，以提高学生的综合素质，为走向工作岗位打下良好的基础；同时，任务布置及引导尽量做到简单明了、可深可浅，更符合技师院校学生的接受和完成能力。

本书可作为公路施工与养护管理专业与从业人员自学、培训用书，也可作为职业院校公路施工与养护及桥梁施工与养护专业中、高级工和技师教材使用。本教材由山东公路技术学院曲元梅、高培山、杨万忠主编，刘新翠、李静主审，高咏岩、陈文超、张多为副主编。在此，向所有付出艰辛劳动的领导和教师致以诚挚的感谢。

由于我们水平所限，书中难免存在不足之处，敬请使用者批评指正。我们也会根据实际使用情况，在以后的编写过程中，不断加以完善。

编　者

2022 年 8 月

第 1 版前言

　　我院积极响应人力资源和社会保障部一体化课程教学改革试点工作，认真学习、调研、探索，启动了一体化课程教学改革。

　　本工作页为桥涵工程施工理实化课程教材。为培养经济发展所需要和符合国家技能培养标准的技能人才，本工作页通过典型工作任务分析，构建课程体系，通过体系化的问题引导，指导学生在完整的工作过程中进行理论、实践一体化的学习。

　　本工作页根据课程的特点设置，淡化教师的讲解，强化学生学习的主动性和实操性，培养学生的学习能力、协作能力、动手能力，以提高学生的综合素质，为学生走向工作岗位打下良好的基础。

　　本书为山东公路技师学院校本教材，也可供广大兄弟院校和工程技术人员参考、使用。本教材由山东公路技师学院的杨万忠、郭瑞东、刘新翠主编，栾亨乐副院长、张燕处长主审。徐文娟、汤晓岳、刘金田、曲元梅为副主编。在此，向所有付出了艰辛劳动的领导和教师致以诚挚的感谢。

　　由于我们的水平所限，书中难免存在不足之处，敬请使用者加以批评指正。我们也会根据实际使用情况，在以后的编写过程中，不断加以完善。

编　　者

2017 年 4 月

目 录

任务一　桥梁基础知识与施工准备

【学习目标】

1. 认识桥梁的组成和各部分构件。
2. 了解桥梁各构件的作用。
3. 熟悉桥梁的常用尺寸、位置关系。
4. 掌握桥梁的分类方法。
5. 熟悉拱桥的分类；了解悬索桥、斜拉桥的种类。
6. 熟悉施工准备的内容及要求。

【任务描述】

认识图中桥梁的组成、名称、尺寸；熟悉常用梁桥的特点；熟悉施工准备的内容。

【工作流程与活动】

1. 桥梁的组成（4学时）。
2. 桥梁的常用名词（2学时）。
3. 梁桥的类型（6学时）。
4. 刚架桥、悬索桥与斜拉桥（4学时）。
5. 拱桥的类型（4学时）
6. 施工准备（4学时）。

学习活动一　桥梁的组成

【学习目标】

1. 掌握桥梁的基本组成结构。
2. 熟悉各构件的作用。
3. 了解各构件的主要形式。
4. 认识桥梁的各结构构件。

【建议学时】

4学时。

【学习准备】

模型、图片、动画、教材、案例资料。

【学习过程】

任 务 描 述	认识该桥的组成，指出各部分的名称 	
任 务 引 导	1. 指出该桥的基础	查阅相关资料，回答基础如何分类？有哪几种类型？各种类型的适用条件是什么？
	2. 指出该桥的桥墩、桥台	该桥的桥墩属于哪种？由哪几部分组成？查阅相关资料，回答该桥墩的内部结构是由什么构成的
	3. 指出该桥的承重构件	列举承重构件会承受的荷载。在荷载作用下，它会产生变形吗？产生怎样的变形？
	4. 指出该图的桥面系部分	桥面系由哪几部分组成？其作用是什么？
	5. 指出支座的部位	支座有哪几种？其作用有哪些？
	6. 指出右侧图中桥梁的下部结构组成。 讨论：此桥的现状是否要垮塌？ 承台与横系梁有何区别？	

1. 答：_____

_____

_____

2. 答：_____

_____

_____

3. 答：_____

_____

_____

4. 答：_____

_____

_____

5. 答：_____

_____

_____

6. 答：_____

_____

【任务思考与练习】

一、简答题

指出下面三个图中桥梁的组成、各部位的名称。

二、单选题

1. 桥梁由上部结构、（　　　）、附属结构、支座 4 部分组成。

   A. 桥墩　　　　　　B. 桥台　　　　　　C. 下部结构　　　　　D. 基础

2. 桥面系一般由（　　）、栏杆、灯柱、泄水管、人行道、安全带、伸缩缝等组成。

   A. 主梁　　　　　　B. 桥面铺装　　　　C. 基础　　　　　　D. 盖梁

3. 桥梁基础常用的型式有（　　　）。

   A. 沉井基础　　　　B. 桩基础　　　　　C. 扩大基础　　　　D. 明挖基础

4. 以下不属于常用支座类型的是（　　　）。

   A. 板式橡胶支座　　B. 盆式橡胶支座　　C. 球形钢支座　　　D. 木支座

5. 桥墩大于等于（　　　）m 的桥墩称为高墩。

   A. 30　　　　　　　B. 40　　　　　　　C. 50　　　　　　　D. 100

三、判断题

1. 桥梁基本组成的 5 大部件：桥跨结构、支座系统、桥墩、桥台、墩台基础。（　　）

2. 桥梁基本组成的 5 小部件：桥面铺装、排水防水系统、栏杆、伸缩缝、灯光照明。（　　）

3. 桥梁组成的附属设施：桥面系（桥面铺装、防水排水系统、栏杆或防撞栏杆，以及灯光照明等）、伸缩缝、桥头搭板和锥形护坡等。（　　）

4. 直径大于或等于 2 m 的灌注桩称为大直径灌注桩。（　　）

5. 桩长大于或等于 100 m 的灌注桩称为超长灌注桩。（　　）

6. 高度大于或等于 40 m 的桥墩称为高墩。（　　）

7. 常用的桥台为 U 形桥台、肋板式埋置桥台。（　　）

8. 桩基础按传递荷载的形式分为摩擦桩和端承桩。摩擦桩主要靠桩土的摩阻力来支承墩台传来的荷载。(　　　)

9. 承台和系梁的作用完全相同。(　　　)

【任务评价与分析】

活动过程评价

日期：

序号	评价要点	配分	得分	总评
1	能按要求接受任务	5		A≥85 分 75 分≤B≤84 分 60 分≤C≤74 分 D≤59 分
2	能独立查阅相关资料	10		
3	能完成上述任务	60		
4	能用专业术语进行交流	5		
5	同学之间能相互合作	10		
6	能严格遵守作息时间、遵守纪律	10		
小结与建议				

学习活动二 桥梁的常用名词

【学习目标】

1. 掌握桥梁的基本术语。
2. 熟悉基本术语的用途和作用。
3. 能够描绘出基本术语在桥梁中所处的位置。

【建议学时】

2 学时。

【学习准备】

模型、图片、动画、教材、案例资料。

【学习过程】

任务描述	指出该桥的基本尺寸 	
任务引导	1. 在图上画出该桥的标准跨径、净跨径、计算跨径	查阅相关资料，回答这些跨径的区别、用途
	2. 指出该桥的总跨径、多孔跨径总长（桥梁总长）、桥梁全长	回答桥梁总长与桥梁全长的区别
	3. 指出该桥的建筑高度、桥下净空高度	查阅相关资料，回答桥下净空高度有何意义

4. 指出右图中拱桥的各种跨径名称、矢跨比所表示的含义	

1. 答: _____

_____

2. 答: _____

_____

_____

3. 答: _____

_____

4. 答: _____

_____

【任务思考与练习】

一、单选题

1. 一座桥梁的跨径中,(   )最短。
    A. 计算跨径   B. 标准跨径
    C. 净跨径   D. 总跨径
2. 拱桥的矢跨比越大,(   )越大。
    A. 跨径   B. 矢高
    C. 墩台受到的水平推力   D. 拱圈拱起的高度

3. 桥梁设计中按规定的设计洪水频率计算所得的高水位称为（　　　）。
   A. 通航水位　　　　　　　　　　　B. 最高水位
   C. 设计水位　　　　　　　　　　　D. 最低水位

二、判断题

1. 拱桥的拱轴线都是圆弧线（　　　）。
2. 桥梁的多孔跨径总长与桥梁的总跨径是同一个概念。（　　　）。
3. 拱轴线是指拱圈各截面形心的连线。（　　　）

【任务评价与分析】

活动过程评价

日 期：

序号	评价要点	配分	得分	总评
1	能按要求接受任务	5		A≥85分 75分≤B≤84分 60分≤C≤74分 D≤59分
2	能独立查阅相关资料	10		
3	能完成上述任务	60		
4	能用专业术语进行交流	5		
5	同学之间能相互合作	10		
6	能严格遵守作息时间、遵守纪律	10		
小结与建议				

学习活动三　梁桥的类型

【学习目标】

1. 掌握梁桥的特点。
2. 熟悉梁桥的种类。
3. 认识各种梁桥。

【建议学时】

6 学时。

【学习准备】

模型、图片、课件、教材。

【学习过程】

<table>
<tr><td rowspan="2">任务描述</td><td colspan="2">指出该桥的类型。
</td></tr>
<tr><td colspan="2"></td></tr>
<tr><td rowspan="3">任务引导</td><td>1. 指出上图是何种桥梁？</td><td>查阅相关资料，从不同的方面对梁桥进行分类，如材料、受力、施工方法、横断面形式等。
［梁桥、简支梁桥（先简支后连续）、T 梁、装配式、预应力混凝土］</td></tr>
<tr><td>2. 该桥有什么特点？可能的跨径有多大？</td><td>查阅相关资料，说明得出结论的理由</td></tr>
<tr><td>3. 指出该桥在图中能看到的下部结构名称</td><td>查阅相关资料，说出横系梁的钢筋构造和柱墩的钢筋结构</td></tr>
</table>

4. 右图所示桥梁属于哪种类型?	
任务引导 5. 右图所示梁桥属于哪种类型?左右两桥有何区别?请阐述理由	
6. 指出右图所示梁桥的类型及特点。该桥与上图的变截面桥有何区别?为什么?	

任 务 引 导	7．指出右图所示梁桥的类型及特点	
	8．指出右图所示梁桥的类型及特点	
	9．右图所示是我国第一座自行设计、制造的现代化桥梁——南京长江大桥。根据所学知识，说出它属于哪种类型的桥，并使用不同的分类方法进行叙述	

1. 答：_____

_____

_____

2. 答：_____

_____

_____

3. 答：_____

_____

_____

4. 答：_____

_____

_____

5. 答：_____

_____

_____

6. 答：_____

_____

_____

7. 答：_____

_____

_____

8. 答：_____

_____

_____

9. 答：_____

_____

_____

【任务思考与练习】

单选题

1. 中小跨径应用最广泛的桥梁形式是（　　　　）。
   A. 拱桥　　　　　　　　　　　　　B. 悬索桥
   C. 梁桥　　　　　　　　　　　　　D. 斜拉桥

2. 跨越能力最大的桥梁形式是（　　　　）。
   A. 拱桥　　　　　　　　　　　　　B. 悬索桥
   C. 梁桥　　　　　　　　　　　　　D. 斜拉桥

3. 中小跨径的梁桥最常用的施工方法是（　　　　）。
   A. 现场浇筑　　　　　　　　　　　B. 预制装配
   C. 组合式　　　　　　　　　　　　D. 悬臂施工

4. T 形梁适用于（　　　　）桥型。
   A. 简支梁桥　　　　　　　　　　　B. 悬臂梁桥
   C. 连续梁桥　　　　　　　　　　　D. 都适合

5. 跨径在 20 m 以内的桥梁的桥跨结构一般选择（　　　　）。
   A. 空心板　　　　　　　　　　　　B. 实心板
   C. 肋梁　　　　　　　　　　　　　D. 箱梁

14

【任务评价与分析】

活动过程评价

序号	评价要点	配分	得分	总评
1	能按要求接受任务	5		A≥85分 75分≤B≤84分 60分≤C≤74分 D≤59分
2	能独立查阅相关资料	10		
3	能完成上述任务	60		
4	能用专业术语进行交流	5		
5	同学之间能相互合作	10		
6	能严格遵守作息时间、遵守纪律	10		
小结与建议				

学习活动四　刚架桥、悬索桥与斜拉桥

【学习目标】

1. 熟悉刚架桥、悬索桥及斜拉桥的组成。
2. 认识刚架桥、悬索桥及斜拉桥的分类。

【建议学时】

4 学时。

【学习准备】

模型、图片、课件、动画、教材。

【学习过程】

<table>
<tr>
<td rowspan="2">任务描述</td>
<td colspan="2">指出该桥的类型

</td>
</tr>
</table>

<table>
<tr>
<td rowspan="2">任务引导</td>
<td>1. 指出上图的两个桥梁，哪个是连续梁桥？哪个是连续刚构桥？</td>
<td>连续梁桥与刚构桥的主要特征各是什么？</td>
</tr>
</table>

	2. 说出连续梁桥与连续刚构桥各自的优缺点并比较	查阅相关资料，说明你得出结论的理由
任务引导	3. 查阅相关资料，说出右图斜拉桥的构造特点。从索的形式、梁的构造与材料、塔索梁的结合方式等方面进行回答	查阅相关资料，思考桥下净空高度有何意义 
	4. 右图是我国的忠县长江大桥，查阅相关资料，说出该桥的主要特征。我国修建的比较著名的悬索桥有哪些？它们目前在世界桥梁上的地位如何？	

1. 答：＿＿＿＿＿＿＿＿＿＿＿＿＿＿＿＿＿＿＿＿＿＿＿＿＿＿＿＿＿＿＿＿＿＿＿＿

＿＿

2. 答：＿＿＿＿＿＿＿＿＿＿＿＿＿＿＿＿＿＿＿＿＿＿＿＿＿＿＿＿＿＿＿＿＿＿＿＿

＿＿

3. 答：＿＿＿＿＿＿＿＿＿＿＿＿＿＿＿＿＿＿＿＿＿＿＿＿＿＿＿＿＿＿＿＿＿＿＿＿

＿＿

4. 答：＿＿＿＿＿＿＿＿＿＿＿＿＿＿＿＿＿＿＿＿＿＿＿＿＿＿＿＿＿＿＿＿＿＿＿＿

＿＿

【任务思考与练习】

一、选择题

1. 其受力，弯矩比梁桥小，水平推力比拱桥小的桥梁形式是（　　）。
    A. 钢桥　　　　　　　B. 悬索桥　　　　　　C. 刚架桥　　　　　　D. 斜拉桥
2. 苏通大桥建成时是世界上唯一的跨径超过 1 km 的（　　）。
    A. 拱桥　　　　　　　B. 悬索桥　　　　　　C. 梁桥　　　　　　D. 斜拉桥
3. 斜拉桥、悬索桥、刚架桥、连续梁桥的桥跨结构所用的梁材料一般为（　　）。
    A. 预应力混凝土　　B. 钢筋混凝土　　　C. 钢桁架（钢箱梁）　　　D. 圬工材料
4. 多孔跨径总长大于 1 000 m，单孔跨径大于 150 m 称为（　　）。
    A. 特大桥　　　　　　B. 大桥　　　　　　C. 中桥　　　　　　D. 小桥
5. 多孔跨径总长为 800 m，单孔跨径为 100 m 的桥梁称为（　　）。
    A. 特大桥　　　　　　B. 大桥　　　　　　C. 中桥　　　　　　D. 小桥
6. 刚架桥在竖向荷载的作用下，柱脚处具有（　　）。
    A. 水平推力　　　　　B. 剪力　　　　　　C. 弯矩　　　　　　D. 轴向压力
7. 刚架桥与同跨径的简支梁相比，在竖向荷载的作用下梁的弯矩（　　）。
    A. 相等　　　　　　　B. 大　　　　　　　C. 小　　　　　　　D. 不能比较
8. 连续刚构桥属于（　　）结构。
    A. 多次超静定　　　　B. 静定　　　　　　C. 超静定　　　　　　D. 不确定

二、判断题

1. 斜拉桥的塔、索、梁构成稳定的三角形，所以其刚度、抗风能力较悬索桥差。（　　）
2. 斜拉桥随着跨径的增大，塔高过高、外索过长也限制了其跨越能力。（　　）
3. 自锚式悬索桥特别适用工地质条件很差的地区。（　　）
4. 自锚式悬索桥保留了传统悬索桥的外形，在中小跨径桥梁中是很有竞争力的方案。（　　）

三、简答题

讨论思考，下图属哪种桥型？

18

【任务评价与分析】

活动过程评价

日期：

序号	评价要点	配分	得分	总评
1	能按要求接受任务	5		A≥85分 75分≤B≤84分 60分≤C≤74分 D≤59分
2	能独立查阅相关资料	10		
3	能完成上述任务	60		
4	能用专业术语进行交流	5		
5	同学之间能相互合作	10		
6	能严格遵守作息时间、遵守纪律	10		
小结与建议				

学习活动五　拱桥的构造及类型

【学习目标】

1. 熟悉拱桥的基本特点。
2. 熟悉拱桥的组成、类型。
3. 掌握拱桥的基本构造要求。
4. 能认识各种拱桥。
5. 能了解常用拱桥类型的构造要求。

【建议学时】

4 学时。

【学习准备】

动画、图片、课件、教材。

【学习过程】

任务一 描述	下图中的拱桥属于何种类型？有什么特点？ 
任务 引导	查阅相关资料并讨论，找出以下知识和内容： 1. 拱桥是如何分类的？ 2. 拱桥与梁桥的本质区别是什么？有何优劣？ 3. 拱桥由哪几部分组成？ 4. 大跨径拱桥有哪几种？各适合多大的跨径？ 5. 查阅相关资料，简述中国的拱桥在世界拱桥的地位

任务二 描述	下图为我国著名的赵州桥，查阅相关资料，说明其主要技术指标并指出图中各部分的名称 
任务三 描述	下图为我国著名的卢浦大桥，查阅相关资料，说明其主要技术指标并指出图中各部分的名称 
任务四 描述	试说出下图拱上建筑中各部位的具体名称 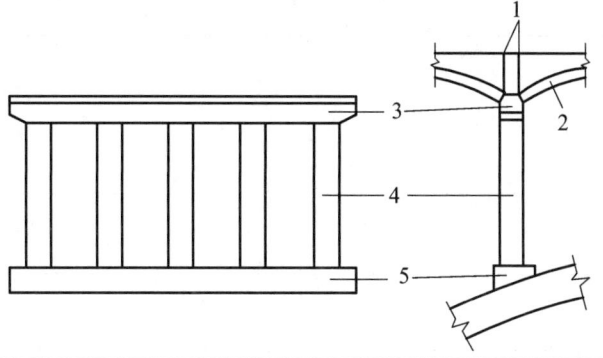

任务一

1. 答：_____

_____

_____

2. 答：_____

_____

_____

3. 答：_____

_____

_____

4. 答：_____

_____

_____

5. 答：_____

_____

_____

任务二

答：_____

_____

_____

任务三

答：_____

_____

_____

任务四

答：_____

_____

_____

【任务思考与练习】

一、单选题

1. 拱桥的主要承重结构是（　　　）。
   A. 拱圈　　　　　　B. 拱肋　　　　　　C. 腹板　　　　　　D. 桥面结构
2. 按照拱上建筑的形式可以将拱桥分为（　　　）。
   A. 实腹式和空腹式　　　　　　B. 上承式和下承式
   C. 两铰拱和三铰拱　　　　　　D. 石拱桥和混凝土拱桥
3. 陡拱和坦拱的矢跨比分界值为（　　　）。
   A. 1/8　　　　　B. 1/7　　　　　C. 1/6　　　　　D. 1/5
4. 拱上建筑的作用是（　　　）。
   A. 美观　　　　　　　　　　　　B. 传递荷载
   C. 主要的受力构件　　　　　　　D. 主要变形
5. 拱桥分类方法很多，按其结构静力图示可分为（　　　）。
   A. 静定结构和超静定结构　　　　B. 钢拱桥和混凝土拱桥
   C. 二铰拱、三铰拱和无铰拱　　　D. 实腹式和空腹式。
6. 拱桥常用的拱轴线形有抛物线、圆弧线、（　　　）。
   A. 悬链线　　　　　　　　　　　B. 双曲线
   C. 波浪线　　　　　　　　　　　D. 正弦曲线

二、判断题

1. 拱桥的力学特点是能将桥面的竖向荷载转化为部分水平推力。（　　　）

2. 拱桥能产生水平推力，对地基基础要求较高。（　　　）

3. 双曲拱的特点是化整为零、集零为整。（　　　）

4. 刚架拱桥构件小，自重小，适用于软土地基。（　　　）

5. 系杆拱桥正确的是外部为静定结构，而内部为多次超静定结构。（　　　）

6. 我国著名的卢浦大桥主桥为空间提篮中承式拱梁组合体系钢拱桥。（　　　）

7. 系杆拱桥是指具有竖直吊杆的柔性系杆刚性拱桥，属无水平推力的简支梁拱组合体系桥。（　　　）

三、简答题

讨论思考，下图之桥属何种类型的桥？有何特点？一个桥墩的两侧拱座高度不同，有何作用？

【任务评价与分析】

活动过程评价

序号	评价要点	配分	得分	总评
1	能按要求接受任务	5		
2	能独立查阅相关资料	10		A≥85分
3	能完成上述任务	60		75分≤B≤84分
4	能用专业术语进行交流	5		60分≤C≤74分
5	同学之间能相互合作	10		D≤59分
6	能严格遵守作息时间、遵守纪律	10		
小结与建议				

学习活动六　施工准备

【学习目标】

1. 熟悉桥梁施工中施工准备的内容。
2. 能够分析、参与施工的准备工作。

【建议学时】

4 学时。

【学习准备】

模型、图片、课件、施工资料、教材。

【学习过程】

<table>
<tr>
<td rowspan="1">任务描述</td>
<td>
阅读某标段桥梁实施性施工组织设计：
广州市轨道交通四号线南延段预制 4 标工程，负责其区间的长为 4.661 5 km 的高架桥节段箱梁的施工。B 段共有预制节段拼装单线 30 m 简支梁 15 孔，单线 32.322 m 简支梁 1 孔，30 m 双线异型简支梁 3 孔，预制节段拼装双线简支梁 75 孔。A 段共有预制节段拼装双线简支梁 47 孔，其中 25 m 简支梁 14 孔、27 m 简支梁 1 孔、30 m 简支梁 28 孔、32.5 m 简支梁 4 孔，（45＋70＋45）m 连续梁 2 联，（36＋52＋39）m 连续梁 1 联，（31＋58＋37）m 连续梁 1 联，（37.5＋52＋37.5）m 连续梁 1 联
</td>
</tr>
<tr>
<td>任务引导</td>
<td>
1. 施工准备的内容是什么？
2. 施工准备的依据是什么？
3. 解释下图（劳动力强度直方图）的含义。
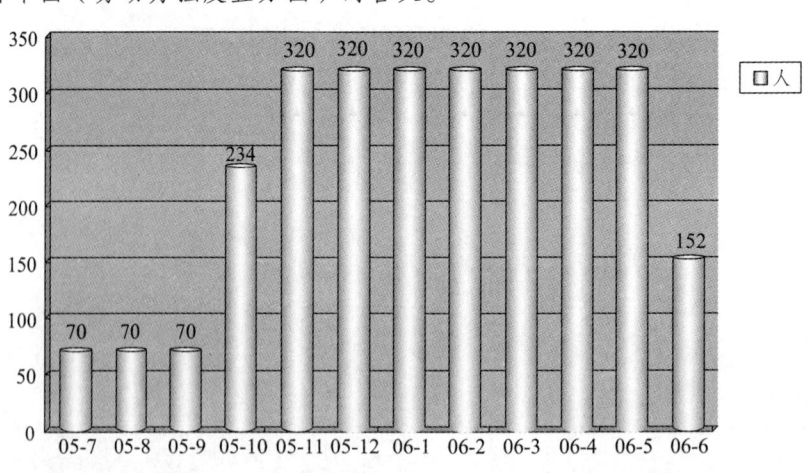
</td>
</tr>
</table>

4. 解释下图（箱梁生产图）的含义。

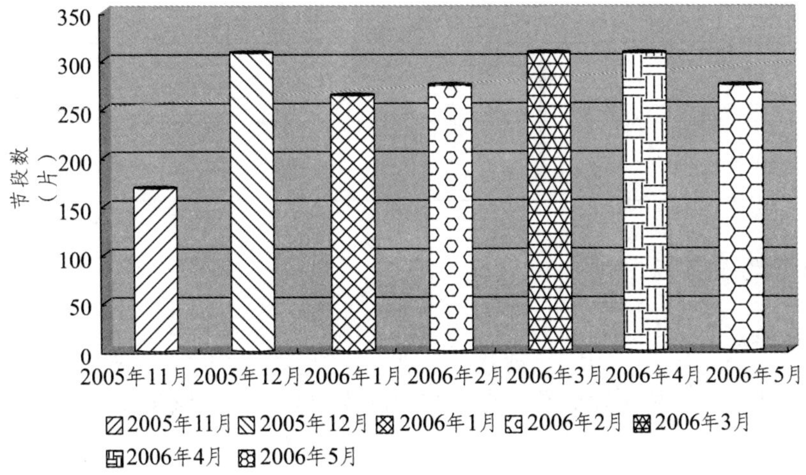

1. 答: _____

_____

_____

_____

2. 答: _____

_____

_____

_____

3. 答: _____

_____

_____

_____

4. 答：_____

_____

_____

_____

【任务思考与练习】

一、选择题

1. 公路桥涵工程施工除应符合设计文件的规定外，还应满足（　　　）的要求。
   A. 安全　　　　　　　　　　　　B. 耐久
   C. 环保　　　　　　　　　　　　D. 节能减排

2. 桥涵施工要求满足安全、耐久等要求，此处的"安全"指（　　　）。
   A. 施工期间结构的安全　　　　　B. 作业安全
   C. 人身安全　　　　　　　　　　D. 运营后结构安全

3. 对技术复杂或危险性较大的分部分项工程，应制订（　　　）的专项施工方案。
   A. 安全可靠　　　　　　　　　　B. 技术可行
   C. 经济合理　　　　　　　　　　D. 环保节能

4. 施工准备的"四通"是指（　　　），"一平"是指场地平整。
   A. 水通　　　　　　　　　　　　B. 电通
   C. 路通　　　　　　　　　　　　D. 通信通

二、判断题

1. 水泥、砂、石、外加剂等施工原材料的选择应在工程开工前通过试验确定。（　　　）

2. 各种原材料进场时，应按规范的有关规定进行相应的质量检测和试验工作。（　　　）

3. 桥涵施工中布设平面控制点时，四等及以上平面控制网中相邻点之间的距离不得小于 500 m。（　　　）

4. 桥涵施工中布设平面控制点时，一级平面控制网中相邻点之间的距离在平原、微丘区不得小于 200 m；最大距离应不大于平均边长的 2 倍。（　　　）

5. 施工时，在特大桥及特殊结构桥梁的每一端应至少埋设 3 个平面控制点。（　　　）

6. 施工水准网中的各水准点，对于大桥和特大桥应构成连续闭合水准环。大桥和特大桥的每端应至少设置 2 个水准点，作为水准网的控制点。（　　　）

7. 钢筋、水泥、砂石等原材料的选择应在开工前通过试验确定。（　　　）

8. 多跨桥梁总长小于 1 000 m，且单孔跨径小于 150 m 的桥梁平面控制测量的等级不得低于一级。（　　　）

【任务评价与分析】

活动过程评价

日 期：

序号	评价要点	配分	得分	总评
1	能按要求接受任务	5		A≥85分 75分≤B≤84分 60分≤C≤74分 D≤59分
2	能独立查阅相关资料	10		
3	能完成上述任务	60		
4	能用专业术语进行交流	5		
5	同学之间能相互合作	10		
6	能严格遵守作息时间、遵守纪律	10		
小结与建议				

任务二　钢筋工程

【学习目标】

1. 熟悉常用钢筋的一般特性。

2. 熟悉钢筋的进场检验与保管要点。

3. 熟悉钢筋的加工过程及质检要点。

4. 能够识读一般钢筋构造图。

5. 能参与、指导钢筋施工。

6. 能规范地填写一些检查、检验表格。

【任务描述】

识图，熟悉钢筋的加工过程，进行简单结构钢筋的绑扎成型。

【工作流程与活动】

1. 钢筋进场检验与管理（2 学时）。

2. 钢筋加工（4 学时）。

3. 钢筋连接（6 学时）。

4. 识图方法（8 学时）。

学习活动一　钢筋进场检验与管理

【学习目标】

1. 熟悉钢材种类。

2. 掌握钢筋的检验与保管要求。

3. 能够进行钢筋进场的质量判断。

【建议学时】

2 学时。

【学习准备】

钢筋、图片、教材。

【学习过程】

任务描述	如果你是一个材料员，负责钢筋的选购和保管，你需要做哪些工作？
任务引导	1. 工程上常说的 I 级钢筋、II 级钢筋分别指哪种钢筋？这两种钢筋有何区别，主要的性能区别是什么？ 2. 桥涵工程上常用的普通钢筋有哪几种？ 3. 钢筋进场检验的内容和检验方法是什么？ 4. 钢筋保管的主要内容是哪几方面？

1. 答：＿＿＿＿＿＿＿＿＿＿＿＿＿＿＿＿＿＿＿＿＿＿＿＿＿＿＿

＿＿＿＿＿＿＿＿＿＿＿＿＿＿＿＿＿＿＿＿＿＿＿＿＿＿＿＿＿

＿＿＿＿＿＿＿＿＿＿＿＿＿＿＿＿＿＿＿＿＿＿＿＿＿＿＿＿＿

2. 答：＿＿＿＿＿＿＿＿＿＿＿＿＿＿＿＿＿＿＿＿＿＿＿＿＿＿＿

＿＿＿＿＿＿＿＿＿＿＿＿＿＿＿＿＿＿＿＿＿＿＿＿＿＿＿＿＿

＿＿＿＿＿＿＿＿＿＿＿＿＿＿＿＿＿＿＿＿＿＿＿＿＿＿＿＿＿

3. 答：＿＿＿＿＿＿＿＿＿＿＿＿＿＿＿＿＿＿＿＿＿＿＿＿＿＿＿

＿＿＿＿＿＿＿＿＿＿＿＿＿＿＿＿＿＿＿＿＿＿＿＿＿＿＿＿＿

＿＿＿＿＿＿＿＿＿＿＿＿＿＿＿＿＿＿＿＿＿＿＿＿＿＿＿＿＿

4. 答：＿＿＿＿＿＿＿＿＿＿＿＿＿＿＿＿＿＿＿＿＿＿＿＿＿＿＿

＿＿＿＿＿＿＿＿＿＿＿＿＿＿＿＿＿＿＿＿＿＿＿＿＿＿＿＿＿

＿＿＿＿＿＿＿＿＿＿＿＿＿＿＿＿＿＿＿＿＿＿＿＿＿＿＿＿＿

【任务思考与练习】

一、选择题

1. 吊环可以用（　　　）制作。

    A. I 级钢筋　　　　　　　　　　B. 未经冷拉的 I 级钢筋

    C. II 级钢筋　　　　　　　　　　D. 余热处理钢筋

2. 钢筋 HPB300 是指（　　　）

    A. 热轧　　　　　B. 冷轧　　　　　C. 光圆

    D. 带肋　　　　　E. 屈服强度　　　F. 抗拉强度

3. 预制构件的吊环必须采用未经冷拉的热轧光圆钢筋制作，且其使用时的计算拉应力不应超过（　　）MPa。

  A. 50   B. 60   C. 65   D. 70

4. 采用冷拉的方法调直钢筋时，钢筋 HPB400 的冷拉率不宜超过（　　）。

  A. 1%   B. 1.5%   C. 2%   D. 4%

5. 对进场钢筋进行分批检验时其分批质量应不大于（　　）t。

  A. 30   B. 50   C. 60   D. 100

6. 对进场钢筋进行分批检验时，若进场 80 t 同规格、同炉号的钢筋，做（　　）个拉伸试验、（　　）个弯曲试验。

  A. 2；2   B. 2；1   C. 3；3   D. 4；4

7. 进厂钢筋应具有出厂质量证明书和试验报告单，使用前应抽取试样做力学试验；检验内容主要包括（　　）。

  A. 拉伸试验   B. 冷弯试验   C. 压缩试验   D. 可焊性试验

二、判断题

1. Ⅰ级钢筋和Ⅱ级钢筋可以相互代替。（　　）
2. 钢筋代换经设计人员的口头认可便可以。（　　）
3. 若一次进场钢筋 65 t 可以按一个检验批验收。（　　）
4. 进场钢筋应具有出厂质量证明书和试验报告单。（　　）
5. 热轧钢筋、热处理钢筋、冷轧钢筋等钢筋的抽检频率相同。（　　）

【任务评价与分析】

活动过程评价

日 期：

序号	评价要点	配分	得分	总评
1	能按要求接受任务	5		A≥85 分 75 分≤B≤84 分 60 分≤C≤74 分 D≤59 分
2	能独立查阅相关资料	10		
3	能完成上述任务	60		
4	能用专业术语进行交流	5		
5	同学之间能相互合作	10		
6	能严格遵守作息时间、遵守纪律	10		
小结与建议				

学习活动二　钢筋加工

【学习目标】

1. 熟悉弯钩要求及计算。
2. 掌握钢筋的调直、除锈与弯钩的方法。
3. 能够对钢筋加工质量进行检查。

【建议学时】

4 学时。

【学习准备】

钢筋、图片、教材、视频、钢丝钩、扎丝等。

【学习过程】

任务 描述	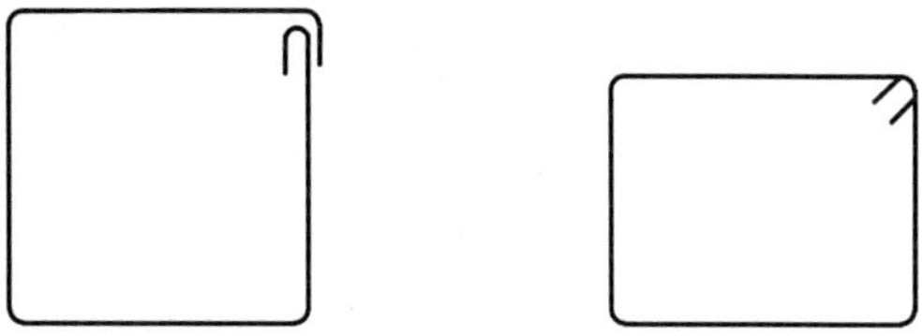 上图中，左图箍筋为正方形，边长 80 cm；右图为矩形，边长为 80 cm×60 cm。试进行箍筋加工成型
任务 引导	查阅相关资料并讨论，找出以下知识和内容： 1. 计算钢筋弯曲调整值； 2. 计算弯钩增加值； 3. 断料长度计算； 4. 对钢筋进行调直、除锈、弯切； 5. 查阅钢筋加工机械的使用、保养事项

1. 答：＿＿＿＿＿＿＿＿＿＿＿＿＿＿＿＿＿＿＿＿＿＿＿＿＿＿＿＿＿

＿＿＿＿＿＿＿＿＿＿＿＿＿＿＿＿＿＿＿＿＿＿＿＿＿＿＿＿＿＿＿＿＿

＿＿＿＿＿＿＿＿＿＿＿＿＿＿＿＿＿＿＿＿＿＿＿＿＿＿＿＿＿＿＿＿＿

2. 答：_____

_____

_____

3. 答：_____

_____

_____

4. 答：_____

_____

_____

5. 答：_____

_____

_____

【任务思考与练习】

一、选择题

1. 钢筋加工不包括下列哪个步骤？（　　　）
   A. 钢筋调直　　　　　　　　　　B. 钢筋除锈
   C. 钢筋下料　　　　　　　　　　D. 钢筋连接

2. 钢丝、钢绞线、热处理钢筋、冷拉级钢筋、冷拔低碳钢丝及精轧螺纹钢筋的切断，宜采用（　　　）。
   A. 切断机或砂轮锯　　　　　　　B. 电弧切割
   C. 乙炔-氧气切割　　　　　　　　D. 都可以

二、判断题

1. 钢筋切断时，必须一根一根地分别进行。（　　　）

2. 结构中的钢筋主要有受力筋、架立筋、箍筋、构造筋、分布筋等。（　　　）

3. 结构中箍筋的作用是承受剪力，并构成钢筋骨架。（　　　）

【**任务评价与分析**】

活动过程评价

序号	评价要点	配分	得分	总评
1	能按要求接受任务	5		
2	能独立查阅相关资料	10		A≥85 分
3	能完成上述任务	60		75 分≤B≤84 分
4	能用专业术语进行交流	5		60 分≤C≤74 分
5	同学之间能相互合作	10		D≤59 分
6	能严格遵守作息时间、遵守纪律	10		
小结与建议				

学习活动三　钢筋连接

【学习目标】

1. 熟悉钢筋连接的方法。

2. 掌握连接的基本要求。

3. 能够进行钢筋连接质量的检查验收。

【建议学时】

6 学时。

【学习准备】

钢筋、图片、教材、视频、钢丝钩、扎丝等。

【学习过程】

任务描述

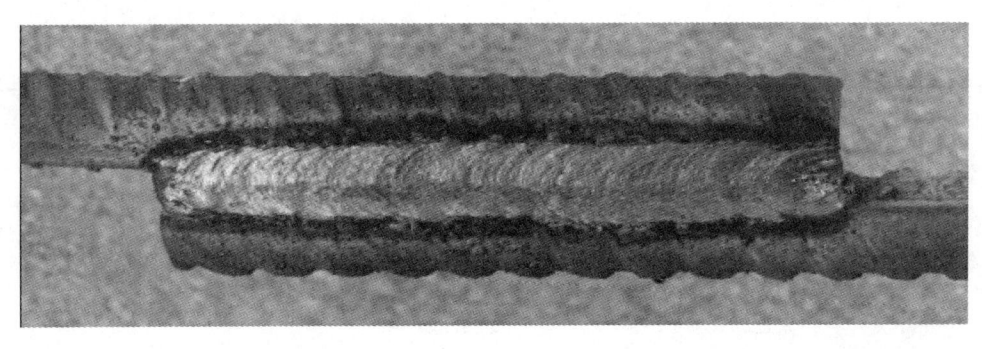

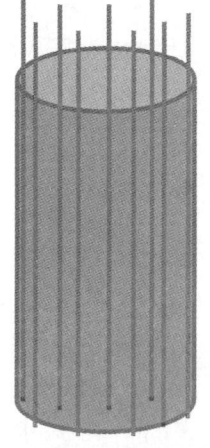

　任务一：根据所学知识和收集的相关资料，说出上图中钢筋焊接的形式为哪种？从哪几个方面判断其是否合格？

　任务二：如右图表示桩基的竖向钢筋，假如竖向筋都高出桩顶 30 cm，那么在连接柱筋时能否合格？为什么？

任务引导	查阅相关资料、讨论，找出以下知识和内容： 1. 钢筋连接方法有哪几类？ 2. 钢筋焊接有哪几种？ 3. 焊接有哪些要求？（轴线，焊缝的长、厚、宽，焊缝的外观，力学性能） 4. 钢筋机械连接有哪几种？ 5. 什么是接头区段？有何规定？ 6. 钢筋接头的组批规则和判断要求是什么？ 7. 焊剂或焊条的种类及使用条件是什么？ 8. 进行实际调查，钢筋在各部位适宜选用什么样的连接方法？

1. 答：_____

_____

2. 答：_____

_____

3. 答：_____

_____

4. 答：_____

_____

5. 答：_____

_____

6. 答：_____

_____

7. 答：_____

_____

8. 答：_____

_____

9. 下图为钢筋一面顺扣绑扎法和兜扣绑扎法等绑扎方法，练习各种绑扎方法并说明各种绑扎方法一般适用在哪种钢筋连接中。

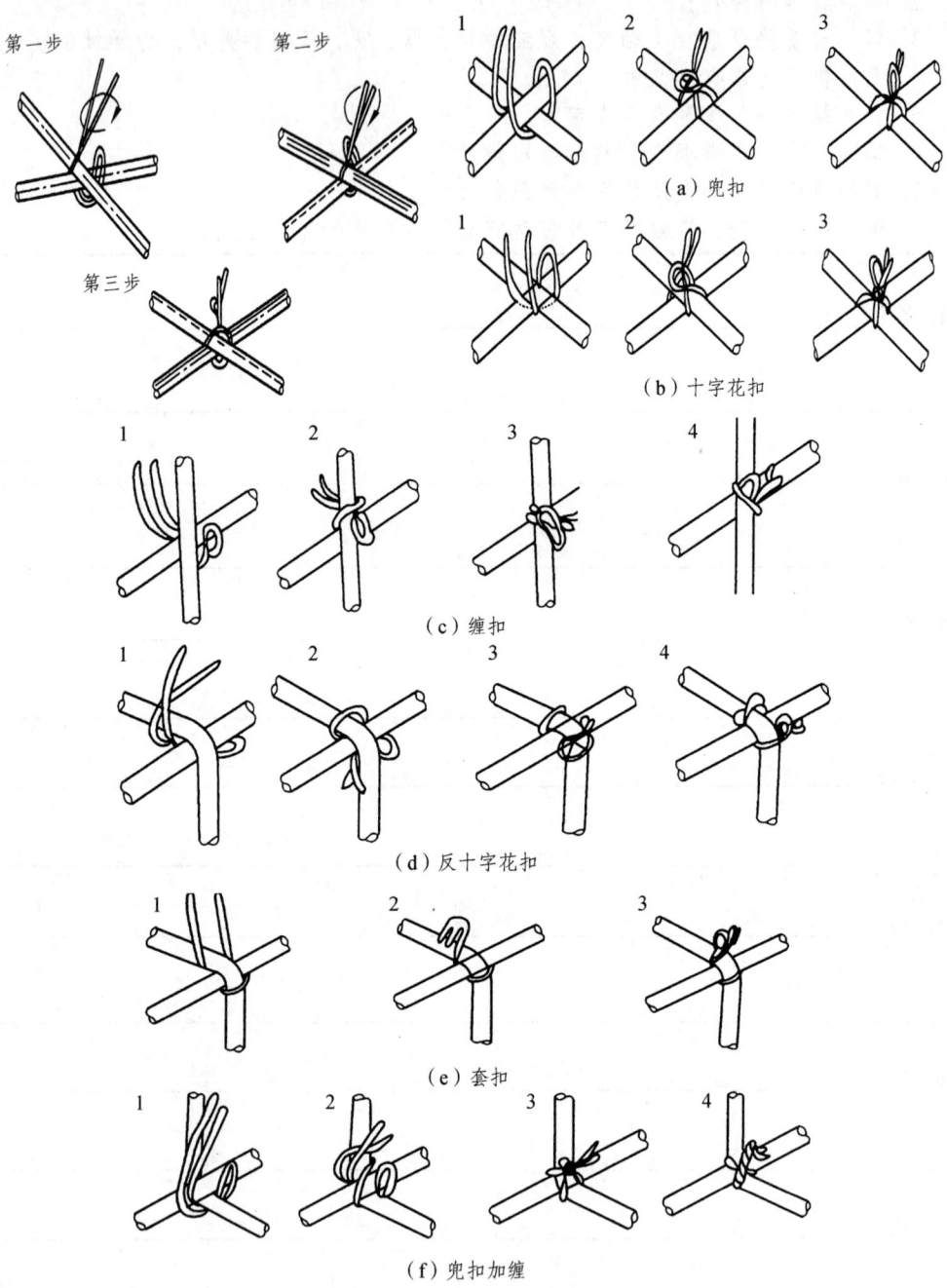

第一步　　　　第二步

第三步

1　　2　　3
（a）兜扣

1　　2　　3
（b）十字花扣

1　　2　　3　　4
（c）缠扣

1　　2　　3　　4
（d）反十字花扣

1　　2　　3
（e）套扣

1　　2　　3　　4
（f）兜扣加缠

答：_____

【任务思考与练习】

一、选择题

1. 钢筋接头检验时，焊接接头取（　　　）个接头为一个检验批。

　　A. 200　　　　　　B. 300　　　　　　C. 400　　　　　　D. 500

2. 钢筋接头检验时，机械连接取（　　　）个接头为一个检验批。

　　A. 200　　　　　　B. 300　　　　　　C. 400　　　　　　D. 500

3. 钢筋焊接的方式有（　　　）。

　　A. 对焊　　　　　B. 电弧焊　　　　　C. 电渣压力焊　　　　D. 气压焊

4. 钢筋机械连接件处的最小混凝土保护层厚度应符合设计受力主筋混凝土保护层厚度的规定，且不得小于 20 mm，连接件之间或连接件与钢筋之间的横向净距不宜小于（　　　）mm。

　　A. 20　　　　　　B. 25　　　　　　C. 30　　　　　　D. 50

5. 钢筋直螺纹接头的连接安装完成后，应用扭力扳手校核其拧紧扭矩，对直径为 28～32 mm 的钢筋，其最小拧紧扭矩值为（　　　）N·m。

　　A. 200　　　　　　B. 260　　　　　　C. 320　　　　　　D. 360

6. 受拉钢筋帮扎接头的搭接长度，对 HPB300，当混凝土强度等级为 C25 时，其搭接长度为（　　　）；当混凝土强度等级 ≥C30 时，HPB300 的搭接长度为（　　　），HRB400/RRB400 的搭接长度为（　　　），HRB500 的搭接长度为（　　　）。

　　A. 40d　　　　　B. 35d　　　　　C. 45d　　　　　D. 50d

7. 钢筋的连接宜采用（　　　）方式。

　　A. 焊接　　　　　B. 机械连接　　　　　C. 绑扎连接　　　　　D. 都可以

8. 受力钢筋连接接头的设置为（　　　）。

　　A. 内力较小处

　　B. 错开布置

　　C. 两绑扎接头间的距离大于等于 1.3 倍搭接长度

　　D. 焊接及机械连接的长度区段内不得有两个接头

9. 钢筋骨架焊接时，应（　　　）。

　　A. 由中到边对称地向两端施焊　　　　　B. 先焊骨架下部

　　C. 先焊骨架上部　　　　　　　　　　　D. 分区对称跳焊

二、判断题

1. 钢筋连接检验时，各种焊接所做的试验项目是相同的。（　　　）

2. 钢筋机械连接接头的等级应选用 Ⅰ 级或 Ⅱ 级。（　　　）

3. 对钢筋绑扎接头，在任何情况下，纵向受拉钢筋的搭接长度不应小于 300 mm，受压钢筋的搭接长度不应小于 200 mm。（　　　）

4. 钢筋和模板之间应设置垫块，混凝土垫块应具有不低于结构本体混凝土的强度，其数量在结构或构件侧面和底面不少于 4 个/m²。（　　　）

39

5. 绑扎接头中钢筋的横向净距不应小于钢筋直径且不应小于 25 mm。（　　　）

6. 钢筋机械连接的现场检验应进行外观质量检查和单向拉伸强度试验。（　　　）

7. 钢筋机械连接在现场连续检验 10 个验收批，其全部试件抗拉强度试验一次抽验均合格时，验收批接头数量可扩大一倍。（　　　）

8. 钢筋套筒挤压连接，挤压连接后，压痕处的套筒外径应为原外径的 0.8 ~ 0.9 倍，套筒长度应为原长度的 1.10 ~ 1.15 倍，且套筒不应有看见裂纹。（　　　）

9. 受压钢筋的绑扎接头搭接长度为受拉钢筋绑扎接头搭接长度的 0.5 倍。（　　　）

【任务评价与分析】

活动过程评价

日期：

序号	评价要点	配分	得分	总评
1	能按要求接受任务	5		A≥85 分 75 分≤B≤84 分 60 分≤C≤74 分 D≤59 分
2	能独立查阅相关资料	10		
3	能完成上述任务	60		
4	能用专业术语进行交流	5		
5	同学之间能相互合作	10		
6	能严格遵守作息时间、遵守纪律	10		
小结与建议				

学习活动四　钢筋识图

【学习目标】

1. 熟悉桥梁施工图的读图方法和步骤。
2. 能够识读一般钢筋图和构造图。

【建议学时】

8 学时。

【学习准备】

图纸、教材、模型、课件。

【学习过程】

任务一描述	阅读并描述钢筋混凝土简支空心板桥： 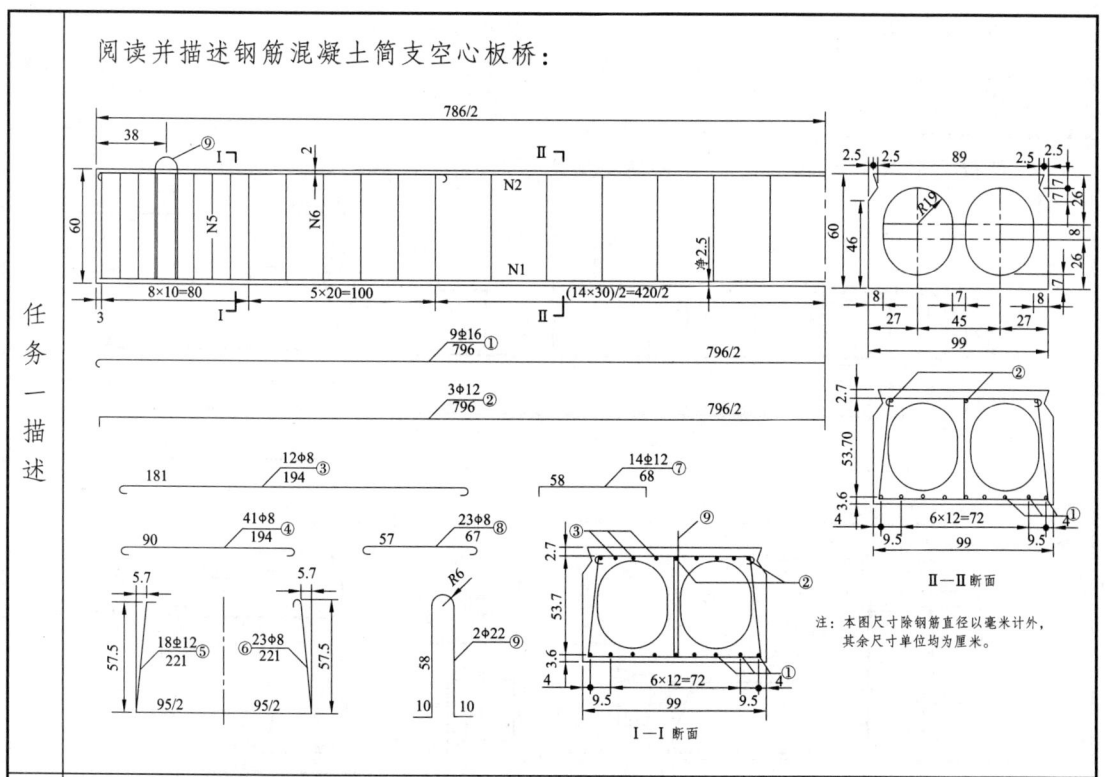
任务引导	1. 本图结构 　梁长为 786 cm、横截面为宽 99 cm、高 60 cm 的矩形空心板，该板为双挖孔，每一挖孔为两个半径 19 cm 的半圆夹宽 2×19 cm、高 8 cm 的矩形；底板和顶板厚各 7 cm，两边腹板厚 8 cm，两挖孔中间腹板厚 7 cm；板的两边各做一个高（7＋7）cm、宽（2.5＋2.5）cm 的企口。

2. 钢筋结构

（1）主筋用 9 根编号为①的钢筋（直径 16 mm 的热轧带肋Ⅱ级钢筋，直线筋，断料长度 796 cm，两端做 180°弯钩），分一排布置在梁的下缘，承受拉力。主筋距梁的下缘 3.6 cm，其中两边筋距梁的侧边 4 cm，其间距为（9.5＋6×12＋9.5）cm。

（2）箍筋承受剪力，用编号为⑤⑥两种钢筋。中间段用编号为⑥的钢筋（直径为 8 mm 的热轧Ⅰ级筋，断料长度为 221 cm，底长 95 cm，高 57.5 cm，端部做弯钩，内倾 5.7 cm）23 根，并在中间加编号为⑧的钢筋，组成三肢箍筋，间距为 30 cm 和 20 cm。

（3）端部箍筋用编号为⑤的钢筋（直径 12 mm 的Ⅱ级钢筋，形状基本同⑥号筋），共 18 根，对称布置在梁的两端部，间距 10 cm，中间加编号为⑦的钢筋，组成三肢箍筋，且箍筋封顶筋与⑥号筋共同用编号为④的直线Ⅰ级筋。

（4）架立筋编号为②（直径为 12 mm 的Ⅰ级筋），3 根，长 796 cm，对称布置在梁的上缘。

（5）在梁的上缘两端各布置 6 根长（194）181 cm 的③号分布、加强筋。两端各设吊钩一个，编号为⑨（直径为 22 mm 的Ⅰ级筋）

3. 阅图总结

（1）在头脑中构建，甚至按 1∶1 大样构建板及钢筋模型。

（2）找出并确认三种主要钢筋：梁下缘的受力筋、从跨中到支点逐渐增加的抗剪的箍筋、成型的架立筋

阅读、描述并制作钢筋混凝土简支实心板桥：

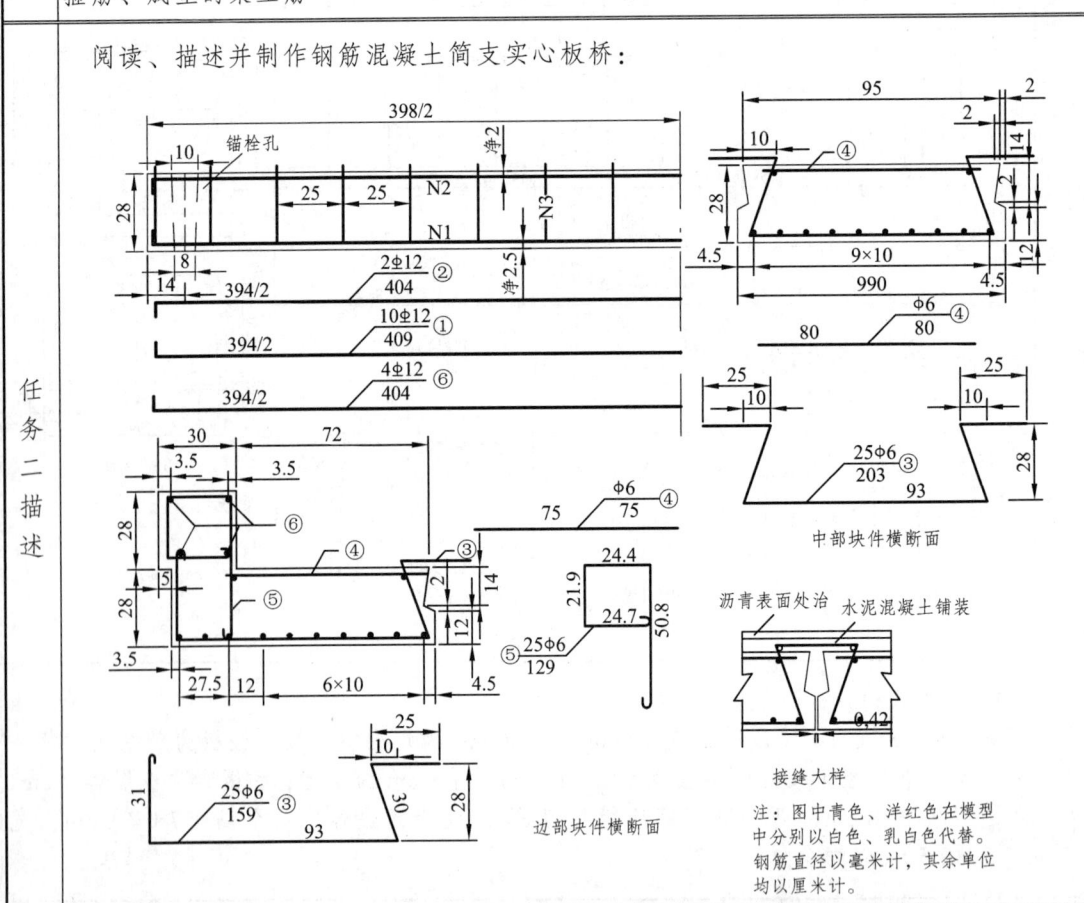

中部块件横断面

边部块件横断面

接缝大样

注：图中青色、洋红色在模型中分别以白色、乳白色代替。钢筋直径以毫米计，其余单位均以厘米计。

任务二引导	1. 该实心板中有几种钢筋？其作用是什么？
	2. 边板与中板有何区别？
	3. 企口缝的钢筋是怎样布置的？企口缝的作用是什么？
	4. 该图中，人行道是如何与主梁联系的？
	5. 指出本图中起架立作用的钢筋

任务二

1. 答：_____

_____

_____

2. 答：_____

_____

_____

3. 答：_____

_____

_____

4. 答：_____

_____

_____

5. 答：_____

_____

_____

【任务评价与分析】

活动过程评价

日 期：

序号	评价要点	配分	得分	总评
1	能按要求接受任务	5		A≥85 分 75 分≤B≤84 分 60 分≤C≤74 分 D≤59 分
2	能独立查阅相关资料	10		
3	能完成上述任务	60		
4	能用专业术语进行交流	5		
5	同学之间能相互合作	10		
6	能严格遵守作息时间、遵守纪律	10		
小结与建议				

任务三　混凝土工程

【学习目标】

1. 熟悉混凝土的配合比设计要点。
2. 熟悉混凝土的施工与养护过程。
3. 熟悉混凝土的质量控制要点。
4. 能指导、参与混凝土施工。
5. 能规范填写一些混凝土的检查、检验表格。

【任务描述】

熟悉并掌握混凝土的施工与养护过程；能根据施工方案等对混凝土构件进行全过程控制。

【工作流程与活动】

1. 原材料的选择与配合比设计（4 学时）。
2. 混凝土拌制运输与浇筑（4 学时）。
3. 混凝土养护与检验（4 学时）。
4. 混凝土冬雨期施工（4 学时）。

学习活动一　原材料的选择与配合比设计

【学习目标】

1. 掌握对配制混凝土所需原材料的技术要求。
2. 熟悉常用材料的保存。
3. 掌握普通水泥混凝土配合比设计相关指标的要求。
4. 能够进行进场材料的验收。
5. 能够进行施工配合比计算。

【建议学时】

4 学时。

【学习准备】

施工规范、工程资料、图片、教材。

【学习过程】

任务描述	如图，某中桥，跨度 20 m，假如其墩柱、盖梁、钻孔灌注桩混凝土皆为 C30，根据所学知识、查阅相关资料，谈谈其原材、配合比有何不同？ 
任务引导	查阅相关资料并讨论，找出以下知识和内容： 1. 墩柱与盖梁的结构特点。 2. 原材料选择的有何不同？ 3. 如何进行原材料的进场控制？ 4. 配合比设计应考虑哪些因素？ 5. 图中，若桥梁上部结构用的是空心小梁（空心板），考虑的因素又有哪些不同？ 6. 混凝土运输采用泵送与搅拌运输车配吊机运输，其配比又有何不同？

1. 答：_____

_____

2. 答：_____

_____

3. 答：_____

_____

4. 答：_____

_____

5. 答：_____

_____

6. 答：_____

_____

【任务思考与练习】

一、选择题

1. 细集料宜按同产地、同规格、连续进场数量不超过（　　　）或 600 t 为一验收批。

   A. 400 m³   B. 400 t   C. 500 m³   D. 500 t

2. 一般桥涵的混凝土的总碱含量控制在不大于（　　　）kg/m³。

   A. 1.8   B. 2.8   C. 3.0   D. 5.0

3. 高强度混凝土是指强度等级（　　　）及以上的混凝土。

   A. C30   B. C40   C. C50   D. C60

4. 当混凝土采用碱活性集料时，宜选用含碱量不大于（　　　）的低碱水泥。

   A. 0.1%   B. 0.5%   C. 0.6%   D. 1%

5. 散装水泥以（　　　）、袋装水泥以（　　　）为一个检验批。

   A. 100 t   B. 200 t   C. 300 t   D. 500 t

6. 对特大桥、大桥、重要桥梁，每立方米混凝土的总碱含量宜不大于（　　　）kg/m³。

   A. 1.8   B. 2.1   C. 3.0   D. 5.0

7. 泵送混凝土的胶凝材料用量宜（　　　）300 kg/m³，砂率宜为（　　　）。

   A. 不大于   B. 不小于   C. 30%～40%   D. 35%～45%

二、判断题

1. 理论配比换算成施工配比，其实质是按照设计配比或理论配比确定施工现场含有一定水分的集料用量和用水量，其结果没有改变设计配比。（　　　）

2. 公路桥涵宜采用袋装水泥。（　　　）

3. 高性能混凝土是指体积较大的、可能由胶凝材料水化热引起的温度应力导致有害裂缝的结构混凝土。（　　　）

4. 高强度混凝土是指强度等级 C50 及以上的混凝土。（　　　）

5. 高性能混凝土是指采用混凝土的常规材料、常规工艺，在常温下，以低水胶比、大掺量优质掺合料和严格的质量控制措施制作的，具有良好的施工工作性能且硬化后具有高耐久性、高尺寸稳定性及较高强度的混凝土。（　　　）

6. 大体积混凝土是指体积较大的、可能由胶凝材料水化热引起的温度应力导致有害裂缝的结构混凝土。（　　　）

7. 对采用蒸汽养护的混凝土，其测试混凝土抗压强度的试件应先随构件同条件蒸汽养护，再转入标准化条件下养护，累计养护时间仍为 28 d。（　　　）

8. 重要工程的混凝土用砂通常选用中砂，细度模数为 2.9~2.6。（　　　）

9. 粗集料按同产地、同规格、连续进场数量不超过 400 m³ 或 600 t 为一个验收批。（　　　）

10. 粗集料的最大粒径不得超过结构最小边尺寸的 1/4 和钢筋最小净距的 3/4。（　　　）

11. 普通混凝土的配比，可按现行《普通混凝土配合比设计规程》（JGJ 55）的规定进行设计，并应通过试配确定。（　　　）

12. 混凝土进行耐久性设计时，应符合现行《公路工程混凝土结构耐久性设计规程》（JTG/T 3310）的规定。如 C30 混凝土的最小水泥用量为 280 kg，最大胶凝材料用量为 400 kg，最大水胶比为 0.50。（　　　）

13. 对预应力混凝土，从各种组成材料引入的氯离子总含量（折合成氯盐含量）不得超过 0.06%。（　　　）

【任务评价与分析】

活动过程评价

日期：

序号	评价要点	配分	得分	总评
1	能按要求接受任务	5		
2	能独立查阅相关资料	10		A≥85 分
3	能完成上述任务	60		75 分≤B≤84 分
4	能用专业术语进行交流	5		60 分≤C≤74 分
5	同学之间能相互合作	10		D≤59 分
6	能严格遵守作息时间、遵守纪律	10		
小结与建议				

学习活动二　混凝土拌制运输与浇筑

【学习目标】

1. 掌握混凝土拌和注意事项。
2. 掌握混凝土运输过程中的技术要求。
3. 掌握混凝土浇筑的技术要求。
4. 能对混凝土拌和与运输质量进行监控。
5. 能对混凝土浇筑过程进行记录、检查。

【建议学时】

4 学时。

【学习准备】

施工规范、工程资料、图片、教材。

【学习过程】

任务描述	如图所示为某 U 形桥台，请写出一个承台混凝土施工方案 
任务引导	根据所学知识并查阅相关资料，回答以下问题： 1. 混凝土施工方案包含哪些内容？ 2. 混凝土倾倒采取何种措施？ 3. 人员、设备如何科学配备？ 4. 混凝土浇筑过程中，需要做好哪些检查和注意事项？ 5. 什么是大体积混凝土？大体积混凝土浇筑有什么特殊要求？ 6. 混凝土若不能一次浇筑完成，如何处理？

1. 答：_____

   _____

2. 答：_____

   _____

3. 答：_____

   _____

4. 答：_____

   _____

5. 答：_____

   _____

6. 答：_____

   _____

【任务思考与练习】

一、选择题

1. 搅拌运输车运输混凝土时，途中应以 2～4 r/min 的（　　　）进行搅动。

   A. 慢速　　　　　B. 中速　　　　　C. 快速　　　　　D. 正常速度

2. 振捣混凝土时，每一振点的振捣延续时间宜为（　　　）。

   A. 1 min　　　　B. 30～40 s　　　C. 20～30 s　　　D. 15～20 s

3. 混凝土拌和物应搅拌均匀、颜色一致，在搅拌机卸料流的 1/4～3/4 取样试验，试验结果是混凝土中砂浆密度两次测值的相对误差不大于（　　　）。

   A. 0.5%　　　　B. 0.8%　　　　C. 1%　　　　　D. 2%

4. 自高处向模板内倾倒混凝土时，其自由倾落高度不宜超过（　　　）。

   A. 1 m　　　　　B. 2 m　　　　　C. 5 m　　　　　D. 10 m

5. 当气温不大于 25 ℃，高于 C30 的混凝土，其运输、浇筑和间歇的全部允许时间为（   ）。

    A. 120 min   B. 150 min   C. 180 min   D. 210 min

6. 施工缝处的混凝土应进行凿毛处理，凿毛深度不小于 8 mm，当采用人工凿毛时，混凝土强度应达到（   ）MPa.

    A. 0.5   B. 1   C. 2.5   D. 10

7. 混凝土的洒水保湿养护时间不应少于（   ）；而大体积混凝土用硅酸盐和普通硅酸盐水泥时，其养护时间宜不少于（   ），其他品种水泥时，不宜少于（   ）。

    A. 3 d   B. 7 d   C. 14 d   D. 21 d

8. 大体积混凝土的浇筑宜在气温较低时进行，但混凝土的入模温度不应低于（   ）℃；热期施工混凝土的入模温度不宜高于（   ）℃。

    A. 0   B. 5   C. 10   D. 28

9. 新浇筑的混凝土与流动的地表水或地下水接触时，应采取保护措施，保证混凝土在 7 d 内且强度达到设计强度的（   ）以前，不受水冲刷侵袭。

    A. 50%   B. 75%   C. 80%   D. 100%

10. 关于自密混凝土，下列说法正确的有（   ）。

    A. 宜采用硅酸盐水泥或普通硅酸盐水泥

    B. 粗集料最大粒径不宜大于 20 mm

    C. 水胶比宜小于 0.45

    D. 胶凝材料 400 ~ 550 kg/m^3

    E. 砂率宜为 46% ~ 52%

11. 当气温低于（   ）℃时，应采取保温措施，不得向混凝土表面洒水。

    A. – 5   B. 0   C. 5   D. 10

二、判断题

1. 施工中最常用的振捣器是附着式振捣器。（   ）

2. 施工缝可以事先任意确定位置。（   ）

3. 混凝土运至浇筑地点发生离析、泌水或坍落度不符合要求时，应加水进行二次搅拌。（   ）

4. 混凝土二次搅拌仍不符合要求时，可加同原水胶比的水、胶凝材料、外加剂等继续搅拌、使用。（   ）

5. 混凝土应按照一定的厚度、顺序和方向浇筑，插入式振捣器振捣时，分层厚度不宜超过 300 mm。（   ）

6. 混凝土应在下层混凝土初凝或能重塑前完成上层混凝土的浇筑。（   ）

7. 混凝土能重塑的试验方法是：用插入式振捣器靠自重插入混凝土中，振动 15 s，周围 100 mm 的范围能泛浆，并应在拔出振动器时不留孔洞。（   ）。

【任务评价与分析】

活动过程评价

序号	评价要点	配分	得分	总评
1	能按要求接受任务	5		A≥85分 75分≤B≤84分 60分≤C≤74分 D≤59分
2	能独立查阅相关资料	10		
3	能完成上述任务	60		
4	能用专业术语进行交流	5		
5	同学之间能相互合作	10		
6	能严格遵守作息时间、遵守纪律	10		
小结与建议				

学习活动三　混凝土养护与检验

【学习目标】

1. 掌握混凝土养护的目的和具体方法。
2. 熟悉模板拆除的条件和注意事项。
3. 能够对混凝土质量进行检查与验收。
4. 能够对混凝土养护和拆模施工进行指导与管理。

【建议学时】

4 学时。

【学习准备】

某桥盖梁施工方案、教材、规范等。

【学习过程】

任务描述	如图所示为某梁板预制，制作一个混凝土养护方案，模拟每一环节的检查项目及方法 
任务引导	根据所学知识并查阅相关资料，回答以下问题： 1. 混凝土养护的三要素是什么？ 2. 怎样保证不同构件的养护质量？ 3. 混凝土养护过程中的注意事项是什么？ 4. 混凝土养护后的检验项目是什么？ 5. 如果本项目的梁板预制需要一年的时间，如何制订养护方案？

1. 答：_____

_____

2. 答：_____

_____

3. 答：_____

_____

4. 答：_____

_____

5. 答：_____

_____

【任务思考与练习】

一、选择题

1. 对新浇混凝土，当其环境水具有侵蚀作用时，应保证混凝土在（　　）以内且强度达到设计强度的 70%以前，不受水的侵袭。

A. 5 d　　　　　　　　B. 7 d　　　　　　　　C. 10 d　　　　　　　　D. 14 d

2. 混凝土处于冻融循环作用的环境，宜在结冰期到来前 4 周完成浇筑施工，且在混凝土强度达到设计强度的（　　）以前，不得受冻。

A. 50%　　　　　　　B. 70%　　　　　　　C. 80%　　　　　　　D. 100%

3. 混凝土冬期养护最好选择（　　）。

A. 蓄热法　　　　B. 蒸汽加热法　　　　C. 暖棚加热法　　　　D. 电热法

4. 自密实混凝土应采用集中搅拌方式生产，搅拌时间不少于 60 s，养护时间不少于 14 d，浇筑时，最大水平流动距离不宜超过（　　）。最大自由倾落高度，对浇筑承台、基础、实心墩等少筋或无筋结构时，宜不大于（　　）。浇筑薄壁墩、梁等钢筋较密的结构时，宜不大于（　　）。

A. 7 m　　　　　　　B. 9 m　　　　　　　C. 5 m　　　　　　　D. 2 m

54

二、判断题

1. 混凝土浇筑完成后，应立即予以覆盖并洒水养护。（　　　）
2. 混凝土浇筑完成后，应在收浆后尽快予以覆盖并洒水养护。（　　　）

【任务评价与分析】

活动过程评价

序号	评价要点	配分	得分	总评
1	能按要求接受任务	5		A≥85分 75分≤B≤84分 60分≤C≤74分 D≤59分
2	能独立查阅相关资料	10		
3	能完成上述任务	60		
4	能用专业术语进行交流	5		
5	同学之间能相互合作	10		
6	能严格遵守作息时间、遵守纪律	10		
小结与建议				

学习活动四　混凝土冬雨期施工

【学习目标】

1. 掌握冬季施工的一般规定与注意事项。
2. 掌握雨季施工的一般规定与注意事项。
3. 掌握高温施工的一般规定与注意事项。
4. 能够对特殊季节施工进行质量管理。

【建议学时】

4 学时。

【学习准备】

工程资料、教材、视频、规范等。

【学习过程】

任务描述	如图所示为某一混凝土拱涵冬季施工，分组讨论、总结从施工准备、施工到养护、检查的各步骤和注意事项 
任务引导	根据所学知识并查阅相关资料，回答以下问题： 1. 冬期施工原材料的控制措施有哪些？ 2. 冬期施工混凝土配合比有何不同？ 3. 冬期施工环节的保证措施有哪些？ 4. 冬期养护方法和过程是什么？ 5. 混凝土养护后的主要检查项目有哪些？

1. 答：_____

_____

2. 答：_____

_____

3. 答：_____

_____

4. 答：_____

_____

5. 答：_____

_____

【任务思考与练习】

一、选择题

1. 冬期施工应确定气温的实际情况，测量室内外环境温度，每昼夜应定时定点测
（　　）次。

    A. 2　　　　　　　　B. 3　　　　　　　　C. 4　　　　　　　　D. 5

2. 水泥不应与（　　）℃ 以上的水直接接触。

    A. 50　　　　　　　B. 60　　　　　　　C. 80　　　　　　　D. 100

二、判断题

1. 混凝土拌和物的出机温度不宜低于 10 ℃，入模温度不宜低于 5 ℃。（　　）

2. 用矿渣水泥配制的混凝土在抗压强度达到设计强度的 40%及 5 MPa 前不得受冻。
（　　）

3. 混凝土蒸汽加热养护一般分为静放、升温、恒温、降温四个阶段。（　　）

4. 用电热法和暖棚法养护混凝土时应注意经常保持混凝土表面湿润。（　　）

5. 在混凝土的养护过程中，当气温低于 5 ℃ 时，应覆盖保温并向混凝土面上洒水。
（　　）

6. 冬期施工是指根据当地多年气温资料，室外日平均气温连续 5 d 稳定低于 0 ℃ 时混凝土、钢筋混凝土、预应力混凝土及砌体工程等的施工。（　　　）

【任务评价与分析】

活动过程评价

日 期：

序号	评价要点	配分	得分	总评
1	能按要求接受任务	5		A≥85 分 75 分≤B≤84 分 60 分≤C≤74 分 D≤59 分
2	能独立查阅相关资料	10		
3	能完成上述任务	60		
4	能用专业术语进行交流	5		
5	同学之间能相互合作	10		
6	能严格遵守作息时间、遵守纪律	10		
小结与建议				

任务四　支架与模板工程

【学习目标】

1. 熟悉常用模板、支架的要求。

2. 熟悉安装过程和控制要点。

3. 能读懂支架设计的验算过程。

4. 能参与并指导支架、模板施工。

5. 能规范填写一些检查、检验表格。

【任务描述】

认识支架、模板，熟悉搭设过程及要求；模拟支架模板的安装、拆卸。

【工作流程与活动】

1. 支架的类型与要求（2 学时）。

2. 支架设计（4 学时）。

3. 支架安装与拆卸（6 学时）。

4. 模板的类型与要求（2 学时）。

5. 模板的安装与拆除（10 学时）。

6. 拱架（4 学时）。

学习活动一　支架的类型与要求

【学习目标】

1. 熟悉桥梁施工中的常用支架。

2. 能够认识各种支架及要求。

【建议学时】

2 学时。

【学习准备】

图片、教材、视频、实物构件。

【学习过程】

任务描述	认识支架的类型

任务引导	1. 指出上图支架为何种支架？	每种支架由哪些构配件组成？
	2. 这两种支架的优缺点各是什么？桥梁施工中更多使用的是哪种支架？	查阅相关资料，说明你得出结论的理由
	3. 这两种支架的搭设有错误的地方吗？	查阅相关规范，说明你得出结论的理由
	4. 判断右图所示是哪种支架的杆件	
	5. 右图支架与上两种支架相比有哪些优势？	

1. 答：_____

_____

2. 答：_____

_____

3. 答：_____

_____

4. 答：_____

_____

5. 答：_____

_____

【任务思考与练习】

一、单选题

1. 桥梁最常用的满布式支架的形式是（　　　）。
   A. 碗扣式钢管支架　　　　　　　　　B. 扣件式钢管支架
   C. 门型钢管支架　　　　　　　　　　D. 木支架

2. 碗扣式钢管支架的钢管直径是（　　　）。
   A. 3.5 mm　　　　　B. 3.5 cm　　　　　C. 48 mm　　　　　D. 48 cm

二、判断题

1. 支架、模板应有足够的刚度、强度和稳定性，应能承受施工过程中产生的各种荷载。
（　　）

2. 支架应与安全通道连接紧固。（　　）

3. 结构表面外露的模板的挠度不得大于模板构件跨度的 1/400。（　　）

4. 支架受载后挠曲的杆件（横梁和纵梁），其弹性挠度不得超过结构计算跨度的 1/500。
（　　）

【任务评价与分析】

活动过程评价

序号	评价要点	配分	得分	总评
1	能按要求接受任务	5		A≥85分 75分≤B≤84分 60分≤C≤74分 D≤59分
2	能独立查阅相关资料	10		
3	能完成上述任务	60		
4	能用专业术语进行交流	5		
5	同学之间能相互合作	10		
6	能严格遵守作息时间、遵守纪律	10		
小结与建议				

学习活动二　支架设计

【学习目标】

1. 熟悉桥梁施工支架的设计内容。
2. 能够读懂支架设计方案。

【建议学时】

4 学时。

【学习准备】

图片、教材、规范、手册等。

【学习过程】

任务描述	支架布置与计算： 　下图为盖梁的碗扣式支架施工,盖梁的长×宽×高为 14 m×1.2 m×1.1 m。若架高 5 m,试进行支架布置并计算杆件总量 	
任务引导	1. 确定立杆的纵、横间距，竖向步距	纵、横间距可试取 0.9 m，步距取 1.20 m
	2. 确定支架搭设的长度与宽度	查阅相关资料，留出工作区间

任务引导	3. 确定竖杆的排数、列数，并计算竖杆根数	
	4. 确定斜杆的布置	
	5. 确定水平剪刀撑的布置	
	6. 计算所用杆数量	
	7. 画出布置图	

1. 答：_____

_____

2. 答：_____

_____

3. 答：_____

_____

4. 答：_____

_____

5. 答：_____

_____

6. 答：_____

_____

7. 画出图

【任务思考与练习】

单选题

1. 桥梁支架所受荷载中最大的一般是（　　　）。
   A. 施工人员荷载　　B. 支架重力　　　　C. 设备重力　　　　D. 混凝土重力
2. 支架的抗倾覆稳定性系数应不小于（　　　）。
   A. 0.8　　　　　　B. 1.0　　　　　　C. 1.3　　　　　　D. 1.5
3. 对支架进行预压时，预压荷载宜为支架承受荷载的（　　　）倍。
   A. 0.8　　　　　　B. 1.0　　　　　　C. 1.05～1.1　　　　D. 1.2

【任务评价与分析】

活动过程评价

日期：

序号	评价要点	配分	得分	总评
1	能按要求接受任务	5		
2	能独立查阅相关资料	10		A≥85分
3	能完成上述任务	60		75分≤B≤84分
4	能用专业术语进行交流	5		60分≤C≤74分
5	同学之间能相互合作	10		D≤59分
6	能严格遵守作息时间、遵守纪律	10		
小结与建议				

学习活动三 支架安装与拆卸

【学习目标】

1. 熟悉桥梁施工支架的安装与拆卸的步骤及注意事项。
2. 熟悉安装程序。
3. 能够辨别安装的优劣及对错。

【建议学时】

6 学时。

【学习准备】

碗扣式支架及配件、手锤、图片、教材、施工规范、手册等。

【学习过程】

任务描述	支架搭设与拆除： 图（见学习活动二）为盖梁的碗扣式支架施工，盖梁的长×宽×高为 14 m×1.2 m×1.1 m。若架高 5 m，根据前述计算杆件数量，试进行准备并进行支架搭设、拆除	
任务引导	1. 地基处理方法及要求是什么？	
	2. 支架构件的准备与检查有哪些？	
	3. 确定搭设程序	查阅相关资料，各小组先确定好整个施工方案，讨论通过后实施
	4. 如何搭设？	
	5. 确定预压方法、重量及程序	
	6. 确定观测点的布置	
	7. 支架卸落顺序及卸落	

1. 答：＿＿＿＿＿＿＿＿＿＿＿＿＿＿＿＿＿＿＿＿＿＿＿＿＿＿＿＿＿＿

＿＿＿＿＿＿＿＿＿＿＿＿＿＿＿＿＿＿＿＿＿＿＿＿＿＿＿＿＿＿＿＿＿＿

2. 答：＿＿＿＿＿＿＿＿＿＿＿＿＿＿＿＿＿＿＿＿＿＿＿＿＿＿＿＿＿＿

＿＿＿＿＿＿＿＿＿＿＿＿＿＿＿＿＿＿＿＿＿＿＿＿＿＿＿＿＿＿＿＿＿＿

3. 答：_____

_____

4. 答：_____

_____

5. 答：_____

_____

6. 答：_____

_____

7. 答：_____

_____

【任务思考与练习】

单选题

1. 桥梁工程上最常用的支架预压方法是（　　）。

　　A. 沙袋法　　　　　　　　　　　　B. 加水预压

　　C. 混凝土块预压　　　　　　　　　D. 钢筋预压

2. 支架卸落顺序一般是（　　）。

　　A. 先支先拆　　　　　　　　　　　B. 先支后拆

　　C. 沿纵向从一侧到另一侧　　　　　D. 沿横向从一侧到另一侧

3. 非承重侧模板应在混凝土强度达到（　　）MPa，且能保证其表面及棱角不致因拆模而受到损害时方可拆除。

　　A. 0.5　　　　　　B. 1.5　　　　　　C. 2.5　　　　　　D. 5

4. （　　）的承重模板宜从跨中向支座方向依次循环卸落。

　　A. 简支梁　　　B. 悬臂梁　　　C. 简支梁　　　D. 都可以

【任务评价与分析】

活动过程评价

日 期：

序号	评价要点	配分	得分	总评
1	能按要求接受任务	5		A≥85 分 75 分≤B≤84 分 60 分≤C≤74 分 D≤59 分
2	能独立查阅相关资料	10		
3	能完成上述任务	60		
4	能用专业术语进行交流	5		
5	同学之间能相互合作	10		
6	能严格遵守作息时间、遵守纪律	10		
小结与建议				

学习活动四　模板的类型与要求

【学习目标】

1. 熟悉桥梁施工中的常用模板及要求。
2. 能够掌握一般模板的检查工作。

【建议学时】

2学时。

【学习准备】

图片、教材、视频、课件。

【学习过程】

任务描述	指出模板的类型 	
任务引导	1. 肋板式桥台的常用模板类型有哪些？	每种模板由哪些构配件组成？
	2. 整个肋板的墙面模板是一个整体吗？	查阅相关资料，组合钢模板的标准尺寸有哪些？
	3. 模板有哪些要求？	刚度、强度要求，结构要求分别是什么？
	4. 用同一种材料，如木模板、内模与侧模有哪些区别？	查阅相关规范

1. 答：_____

_____

2. 答：_____

_____

3. 答：_____

_____

4. 答：_____

_____

【任务思考与练习】

单选题

1. 目前，桥梁最常用的模板形式是（　　　）。

　　A. 木模板　　　　　B. 钢模板　　　　　　C. 胶合板模板　　　　D. 钢木结构模板

2. 满堂支架现浇梁的底模多用（　　　）。

　　A. 木模板　　　　　B. 钢模板　　　　　　C. 胶合板模板　　　　D. 钢木结构模板

3. 如果要求模板周转次数尽量多，应采用（　　　）。

　　A. 木模板　　　　　B. 钢木结构模板　　　C. 胶合板模板　　　　D. 钢模板

【任务评价与分析】

活动过程评价

日期：

序号	评价要点	配分	得分	总评
1	能按要求接受任务	5		A≥85 分 75 分≤B≤84 分 60 分≤C≤74 分 D≤59 分
2	能独立查阅相关资料	10		
3	能完成上述任务	60		
4	能用专业术语进行交流	5		
5	同学之间能相互合作	10		
6	能严格遵守作息时间、遵守纪律	10		
小结与建议				

学习活动五　模板的安装与拆除

【学习目标】

1. 熟悉桥梁施工中常用模板的安装及拆除方法、程序及要求。
2. 能够进行一般模板的安装检查工作。
3. 能够安装小型模板。

【建议学时】

10 学时。

【学习准备】

实物模板及配件、图片、教材、规范、施工资料。

【学习过程】

任务一描述	预制板模板安装：  钢筋混凝土空心板模板与钢筋	
任务引导	1. 前期准备	底模修整，钢筋绑扎（若钢筋整体吊装，则先支侧模），侧模处理（变形、除锈、坑槽等）
	2. 侧模支撑方式的选择，如上图及右图	

		查阅相关规范、手册等资料
任务引导	3. 竖楞、横楞及千斤顶顶或张拉的方式、间距的选择	
	4. 底模与侧模接缝处理	
	5. 顶、拉力度的计算与实施	保证模板安全稳定，查阅相关资料
	6. 模板检查	

任务二描述	墩柱模板安装： 　　如果墩柱较高，一般用缆风绳进行固定。模板安装固定是立柱施工中一个很重要的环节，必须认真操作，做到定位准确、竖直、牢固、安全，浇筑混凝土过程中不漏浆、不走模
任务引导	1. 在桩基础或承台上放样柱的中心位置，画出模板内边缘或外边缘线 
	2. 对承台或桩基础顶面进行处理  
	3. 模板吊装，现场节段拼装（整体自钢筋笼上方套装、两半圆柱模拼装或节段拼装） 

73

任务引导	4. 模板顶挂十字线、吊垂球调整垂直度（高墩可在模板底用红外垂度仪）	
	5. 模板缝、模板底缝处理，紧固缆风绳	
	6. 模板检查	查阅相关资料，确定检测项目、检测方法及合格标准

1. 空心板模板安装的过程描述：

_____

_____

2. 空心板安装的控制要点：

_____

_____

3. 柱模安装的过程描述：

_____

_____

4. 柱模安装的控制要点：

_____

_____

5. 地锚设置要求、埋置深度、承载力：

_____

_____

6. 如图所示内模、侧模拆除强度要求及对应时间：

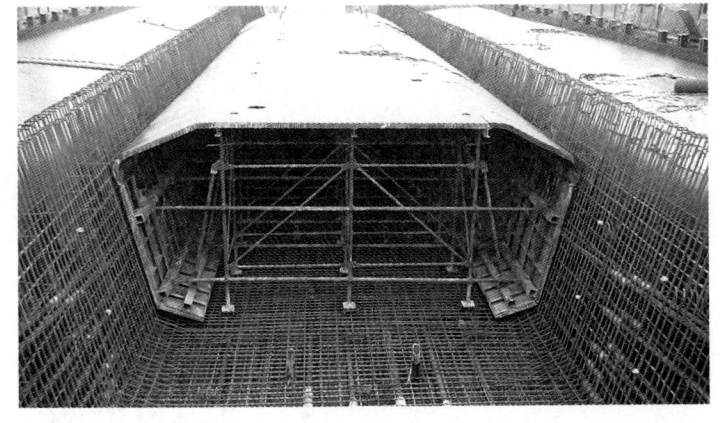

_____

_____

7. 如图所示盖梁侧模、底模拆除的强度要求及对应时间：

_____

_____

【任务思考与练习】

一、单选题

1. 钢模板面板允许的变形范围是（　　　）。

    A. 1 mm   B. 1.5 mm   C. 2 mm   D. 1 cm

2. 模板的内楞支撑如果选择（　　　），那么只要内楞刚度足够，浇筑混凝土就能够解决鼓模的问题。

    A. 500 mm   B. 750 mm   C. 900 mm   D. 1 200 mm

3. 室外平均气温 20 ℃，胶囊芯模的放气时间一般是（　　　）。

    A. 2 h   B. 4 h   C. 6 h   D. 10 h

4. 浆砌石拱桥拱架，应待砂浆强度达到设计强度的（　　　）%后方可卸落。

    A. 50   B. 75   C. 85   D. 100

5. 跨径小于（　　　）m 的小拱桥，宜在拱上建筑全部完成后卸架。

    A. 8   B. 10   C. 13   D. 16

二、讨论右图模板鼓膜的原因：

_____

_____

_____

_____

_____

_____

三、如下图的模板安装实例图中，讨论回答下列问题：

1. 地锚设置的深度、承受力是多大？

_____

_____

2. 缆风绳设置要求（根数、角度、间距、材料）有哪些？

_____

_____

3. 为浇筑混凝土而设置脚手架，能否代替缆风绳来固定模板？

_____

_____

【任务评价与分析】

活动过程评价

日期：

序号	评价要点	配分	得分	总评
1	能按要求接受任务	5		
2	能独立查阅相关资料	10		A≥85分
3	能完成上述任务	60		75分≤B≤84分
4	能用专业术语进行交流	5		60分≤C≤74分
5	同学之间能相互合作	10		D≤59分
6	能严格遵守作息时间、遵守纪律	10		
小结与建议				

任务五　桥梁扩大基础施工

【学习目标】

1. 熟悉明挖基础的施工过程及要点。
2. 能参与、指导基础施工。
3. 熟悉基础施工方案的组成，能编制简单施工方案。
4. 能规范填写一些检查、检验表格。

【任务描述】

熟悉并掌握明挖基础施工过程；能根据施工方案等对基础施工进行全过程控制。

【工作流程与活动】

1. 基坑开挖（4学时）。
2. 基底检验与扩大基础施工（2学时）。

学习活动一　基坑开挖

【学习目标】

1. 熟悉明挖地基的工艺流程。
2. 掌握明挖地基的施工要点。
3. 能根据具体情况，选用合适的围堰类型。
4. 能确定基坑边坡的开挖坡度。
5. 能确定支护、排水的方式。

【建议学时】

4学时。

【学习准备】

施工规范、工程资料、图片、视频、教材。

【学习过程】

任务描述	某扩大基础,基底深度为 12 m,深度 5 m 内无地下水,深度 5 m 以下有地下水,且土质为粉砂,易坍塌。在这种施工环境下,为保证基坑顺利开挖,确保施工质量,将如何进行基坑开挖?开挖过程中,如何做好基坑支护和基坑排水?
任务引导	查阅相关资料并讨论,找出以下知识和内容: 1. 根据基础埋深选择开挖的方法。 2. 地下水位的高低对基坑开挖的形式有什么影响?结合土质情况,地下水位以上和地下水位以下分别采用什么开挖方式? 3. 基坑支护的形式都有哪些?各适用于什么环境? 4. 该环境下,如何做基坑支护?结合基坑开挖的方式,试画出基坑开挖,支护后的布置图。 5. 基坑排水方式有哪几种?该环境下宜采用哪种排水方式? 6. 井点法排水的类别很多,如何选择? 7. 基坑开挖过程中有哪些注意事项? 说明:开挖前方案的确定、开挖深度、支护、排水、弃方、安全等

1. 答:＿＿＿＿＿＿＿＿＿＿＿＿＿＿＿＿＿＿＿＿＿＿＿＿＿＿＿＿＿＿

＿＿＿＿＿＿＿＿＿＿＿＿＿＿＿＿＿＿＿＿＿＿＿＿＿＿＿＿＿＿＿＿＿＿＿＿

2. 答:＿＿＿＿＿＿＿＿＿＿＿＿＿＿＿＿＿＿＿＿＿＿＿＿＿＿＿＿＿＿

＿＿＿＿＿＿＿＿＿＿＿＿＿＿＿＿＿＿＿＿＿＿＿＿＿＿＿＿＿＿＿＿＿＿＿＿

3. 答:＿＿＿＿＿＿＿＿＿＿＿＿＿＿＿＿＿＿＿＿＿＿＿＿＿＿＿＿＿＿

＿＿＿＿＿＿＿＿＿＿＿＿＿＿＿＿＿＿＿＿＿＿＿＿＿＿＿＿＿＿＿＿＿＿＿＿

4. 答:＿＿＿＿＿＿＿＿＿＿＿＿＿＿＿＿＿＿＿＿＿＿＿＿＿＿＿＿＿＿

＿＿＿＿＿＿＿＿＿＿＿＿＿＿＿＿＿＿＿＿＿＿＿＿＿＿＿＿＿＿＿＿＿＿＿＿

5. 答:＿＿＿＿＿＿＿＿＿＿＿＿＿＿＿＿＿＿＿＿＿＿＿＿＿＿＿＿＿＿

＿＿＿＿＿＿＿＿＿＿＿＿＿＿＿＿＿＿＿＿＿＿＿＿＿＿＿＿＿＿＿＿＿＿＿＿

6. 答:＿＿＿＿＿＿＿＿＿＿＿＿＿＿＿＿＿＿＿＿＿＿＿＿＿＿＿＿＿＿

＿＿＿＿＿＿＿＿＿＿＿＿＿＿＿＿＿＿＿＿＿＿＿＿＿＿＿＿＿＿＿＿＿＿＿＿

7. 答:＿＿＿＿＿＿＿＿＿＿＿＿＿＿＿＿＿＿＿＿＿＿＿＿＿＿＿＿＿＿

＿＿＿＿＿＿＿＿＿＿＿＿＿＿＿＿＿＿＿＿＿＿＿＿＿＿＿＿＿＿＿＿＿＿＿＿

8. 简述下图所示基础施工的过程及要点。

答：_____

_____

_____

_____

【任务思考与练习】

一、选择题

1. 基础位于水深 1.5 m 以内、流速 0.5 m/s 以内，河床土质渗水性较小且满足泄洪的河床上，可采用（   ）。

    A. 土围堰   B. 土袋围堰   C. 木桩土围堰   D. 钢围堰

2. 下面哪个不是围堰的作用？（   ）

    A. 防水   B. 围水   C. 搭建施工平台   D. 美观

3. 围堰顶面高程应高出施工期间可能出现的最高水位（包括浪高）（   ）。

    A. 0.3～0.5 m   B. 0.5～0.7 m   C. 0.6～1.0 m   D. 0.4～0.6 m

4. 基坑深度大于（   ）时，应将坑壁坡度适当放缓或加设平台。

    A. 3 m   B. 5 m   C. 6 m   D. 10 m

5. 井点降水法不适用于（   ）的土质基坑。

    A. 粉砂   B. 细砂   C. 坑壁不易稳定   D. 无砂的黏质土

6. 土袋围堰的袋内填土宜采用（   ），填装量宜为（   ）左右。

    A. 黏性土   B. 砂性土   C. 60%   D. 100%

二、判断题

1. 挖基施工宜安排在枯水或少雨季节进行。（   ）
2. 采用机械开挖基坑时，如发生超挖，应将松动部分清除，对基底进行处理。（   ）
3. 基础位于水深 3~5 m、流速 1.5 m/s 以上的河床上，可采用土袋围堰。（   ）

活动过程评价

日期：

序号	评价要点	配分	得分	总评
1	能按要求接受任务	5		
2	能独立查阅相关资料	10		A≥85 分
3	能完成上述任务	60		75 分≤B≤84 分
4	能用专业术语进行交流	5		60 分≤C≤74 分
5	同学之间能相互合作	10		D≤59 分
6	能严格遵守作息时间、遵守纪律	10		
小结与建议				

学习活动二　基底检验与扩大基础施工

【学习目标】

1. 熟悉基底检验的内容及方法。
2. 掌握基础施工过程及要点。

【建议学时】

2 学时。

【学习准备】

施工规范、工程资料、图片、教材。

【学习过程】

任务一 描述	某大桥扩大基础施工，地基土质复杂，属于软弱的黏土层，试进行基础施工前的检查、检验
任务 引导	查阅相关资料并讨论，找出以下知识和内容： 1. 基坑检验的一般内容有哪些？基础施工前为何要进行地基承载力检验？ 2. 地基承载力的检验方法有哪些？该任务中，使用哪种方法？ 说明：大桥、地基土质复杂。 3. 常用的地基处理方法有哪些？该任务中，用什么方法？给出具体的处理方案。 说明：软弱的黏土层。
任务二 描述	

任务一

1. 答:_____

_____

2. 答:_____

_____

3. 答:_____

_____

任务二

1. 答:_____

_____

2. 答:_____

_____

3. 答:_____

_____

4. 答:_____

_____

5. 答：_____

_____

【任务思考与练习】

一、选择题

1. 关于砌石基础所采用的石料，下面（   ）不符合规范要求。
   A. 足够的强度　　　　　　　B. 尺寸不限
   C. 质地坚硬　　　　　　　　D. 无风化剥落和裂纹

二、判断题

1. 基础全部浇筑完成后，洒水养护时间一般不少于 10 d。（   ）
2. 混凝土扩大基础中，征得监理工程师的同意后可添加不超过 20%的片石。（   ）
3. 处理溶洞地基时，可以将溶洞的水路堵塞进行施工。（   ）
4. 地基处理的范围应宽出基础之外不小于 0.5 m。（   ）
5. 对于强度低、稳定性差的细粒土或特殊土地基，处理时应视该类土的处治深度和含水率等情况，采取固结、换填等处理措施。（   ）

【任务评价与分析】

活动过程评价

日期：

序号	评价要点	配分	得分	总评
1	能按要求接受任务	5		A≥85 分 75 分≤B≤84 分 60 分≤C≤74 分 D≤59 分
2	能独立查阅相关资料	10		
3	能完成上述任务	60		
4	能用专业术语进行交流	5		
5	同学之间能相互合作	10		
6	能严格遵守作息时间、遵守纪律	10		
小结与建议				

任务六 桩基础施工

【学习目标】

1. 熟悉桩基础的施工过程及要点。

2. 能参与、指导基础施工。

3. 熟悉基础施工方案的组成，能编制简单施工方案。

4. 能规范填写一些检查、检验表格。

【任务描述】

熟悉并掌握桩基施工过程及要点；能根据施工方案等对桩基施工进行全过程控制。

【工作流程与活动】

1. 桩基础施工准备工作（4学时）。

2. 钻孔施工（4学时）。

3. 成孔检查与清孔（4学时）。

4. 钢筋骨架与导管安装（2学时）。

5. 灌注水下混凝土（4学时）。

6. 承台（系梁）施工（4学时）。

学习活动一 桩基础施工准备工作

【学习目标】

1. 熟悉桩基础施工前准备工作的内容和要求。

2. 能根据施工方案、图纸等，进行准备工作。

3. 能对各项准备工作进行质量控制和检验。

【建议学时】

4学时。

【学习准备】

施工规范、工程资料、图片、教材。

任务 描述	某大桥下部基础为钻孔灌注桩基础，采用正循环钻机钻孔，为保证钻孔施工顺利进行，该从哪些方面做好前期的准备工作？
任务 引导	查阅相关资料并讨论，找出以下知识和内容： 1. 施工准备工作从几个方面着手准备？ 2. 不同环境的施工场地应如何进行整理？ 说明：场地为旱地、陡坡、浅水、深水等  上图中的场地是如何进行整理施工的？ 3. 找出下图中设置护筒的方法，护筒的直径、高度为多大？ 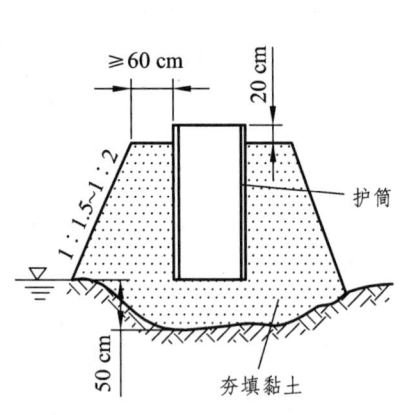 4. 制备泥浆时，需要控制哪些指标？为什么相对密度过大或过小都不满足要求？

任务
引导

1. 答：_____

_____

_____

2. 答: _____

_____

_____

3. 答: _____

_____

_____

4. 答: _____

_____

_____

5. 答: _____

_____

_____

【任务思考与练习】

一、选择题

1. 护筒顶宜高出地面（　　　）。

    A. 0.5 m   B. 0.4 m   C. 0.3 m   D. 0.2 m

2. 护筒顶宜高出水面（　　　），护筒顶应高出桩顶设计高程（　　　）。

    A. 0.5 m   B. 1.0 m   C. 1.0 ~ 2.0 m   D. 2.0 m

3. 对有冲刷影响的河床，护筒宜沉入施工期局部冲刷线以下（　　　）。

    A. 0.5 m   B. 1.0 m   C. 1.0 ~ 1.5 m   D. 1.5 ~ 2.0 m

4. 护筒的埋置深度在旱地或筑岛处宜为（　　　）。

    A. 1.0 ~ 1.5 m   B. 1.5 ~ 2.0 m   C. 2.0 ~ 3.0 m   D. 2.0 ~ 4.0 m

二、判断题

1. 泥浆的配合比和配制方法宜通过现场试验确定，不宜硬性规定指标。（　　　）

2. 泥浆相对密度越大越好，越利于钻渣的排出。（　　）

3. 在陆上或浅水筑岛处的护筒，其内径应大于桩径至少 200 mm。（　　）

4. 护筒中心与桩设计中心的平面位置偏差应不大于 50 mm，护筒在竖直方向的倾斜度应不大于 1%。（　　）

5. 挖孔或钻孔时，相邻两桩孔不得同时施工，应间隔交错进行作业。（　　）

【任务评价与分析】

活动过程评价

日期：

序号	评价要点	配分	得分	总评
1	能按要求接受任务	5		A≥85 分
2	能独立查阅相关资料	10		75 分≤B≤84 分
3	能完成上述任务	60		60 分≤C≤74 分
4	能用专业术语进行交流	5		D≤59 分
5	同学之间能相互合作	10		
6	能严格遵守作息时间、遵守纪律	10		
小结与建议				

学习活动二　钻孔施工

【学习目标】

1. 掌握正循环钻进施工工艺、注意事项。
2. 掌握冲击钻成孔施工工艺、注意事项。
3. 能参与钻孔施工的各个施工工序。
4. 能够进行施工质量控制和质量检验。

【建议学时】

4 学时。

【学习准备】

视频、施工规范、工程资料、图片、教材。

【学习过程】

<table>
<tr>
<td rowspan="2">任务描述</td>
<td>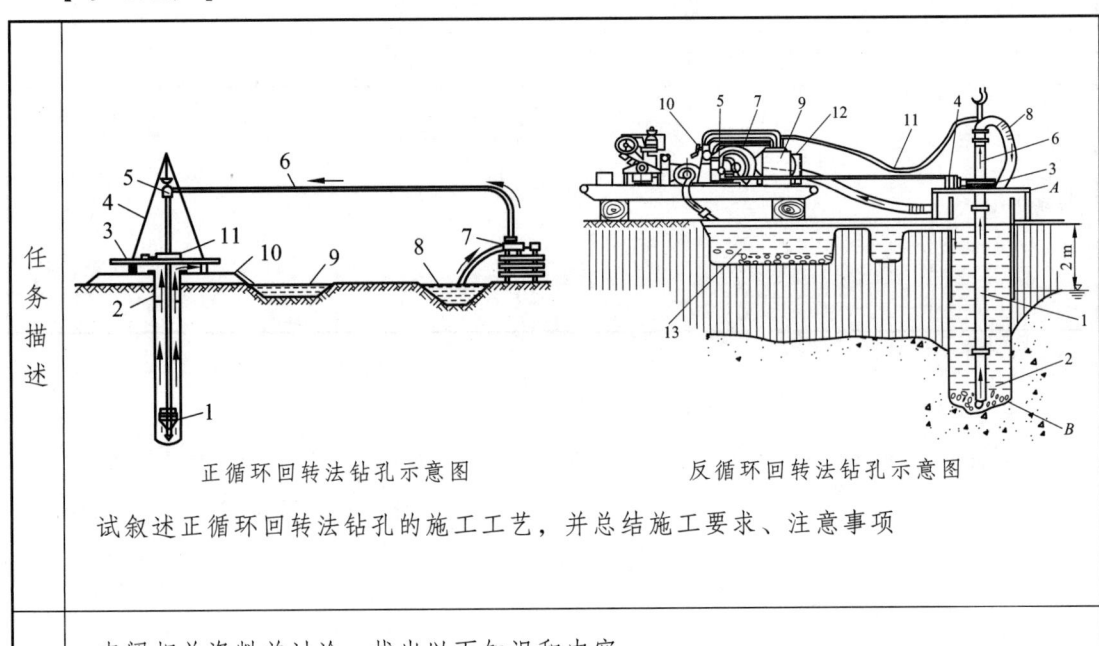
正循环回转法钻孔示意图　　　　　反循环回转法钻孔示意图</td>
</tr>
<tr>
<td>试叙述正循环回转法钻孔的施工工艺，并总结施工要求、注意事项</td>
</tr>
<tr>
<td>任务引导</td>
<td>查阅相关资料并讨论，找出以下知识和内容：
1. 理解正、反循环回转钻孔的钻孔原理。
2. 根据各自详细的施工工艺流程找出各自的优、缺点。
3. 叙述钻孔中泥浆的作用。
4. 如何判断钻孔过程中的塌孔现象？如何处理？
5. 叙述其正循环回转钻孔的施工工艺。
6. 叙述钻孔施工的施工要求、注意事项</td>
</tr>
</table>

1. 答：_____

_____

2. 答：_____

_____

3. 答：_____

_____

4. 答：_____

_____

5. 答：_____

_____

6. 答：_____

_____

【任务思考与练习】

一、选择题

1. 减压钻进，即钻机的主吊钩始终要承受部分钻具的重力，孔底承受的钻压不超出钻具重力之和（扣除浮力）的（　　）。

    A. 80%　　　　　　　B. 70%　　　　　　　C. 60%　　　　　　　D. 50%

二、判断题

1. 不论采用何种方法钻孔，开钻时，应快速钻进。（　　）

2. 正循环钻孔是泥浆由钻杆外流（注）入井孔，钻渣从钻杆中吸出。（　　）

3. 采用正（反）循环回旋钻钻孔时，宜根据成孔的不同的阶段、不同地层及岩层坡面等情况采取不同的钻孔工艺（　　）。

4. 采用冲击钻施工，当掏取钻渣或停钻时，应及时向孔内补浆，保持水头高度（　　）。

5. 钻孔过程中，应随时检测孔内泥浆的性能进行检测，不符合要求时应及时调整。
（   ）。

6. 为减少或避免清孔，可采用加深钻孔深度的方式代替清孔，以满足设计桩底高程。
（   ）

【任务评价与分析】

活动过程评价

日期：

序号	评价要点	配分	得分	总评
1	能按要求接受任务	5		
2	能独立查阅相关资料	10		A≥85分
3	能完成上述任务	60		75分≤B≤84分
4	能用专业术语进行交流	5		60分≤C≤74分
5	同学之间能相互合作	10		D≤59分
6	能严格遵守作息时间、遵守纪律	10		
小结与建议				

学习活动三　成孔检查与清孔

【学习目标】

1. 熟悉桩基础施工前准备工作的内容和要求。
2. 能根据施工方案、图纸等，进行准备工作。
3. 能对各项准备工作进行质量控制和检验。

【建议学时】

4 学时。

【学习准备】

施工图纸、施工规范、工程资料、图片、课件、教材。

【学习过程】

任务描述	模拟成孔及清孔检查过程  钻孔桩泥浆比重量测
任务引导	查阅相关资料并讨论，找出以下知识和内容： 1. 成孔检查的项目有哪些？ 2. 成孔检查方法是什么？ 3. 清孔的目的、过程、要求是什么？ 4. 在检查过程中应注意哪些问题，才能保证检查结果的准确性？ 5. 上图中，工作人员在检查什么项目？

1. 答：_____

_____

2. 答：_____

_____

3. 答：_____

_____

4. 答：_____

_____

5. 答：_____

_____

【任务思考与练习】

一、选择题

1.（　　　）一般用于辅助清孔。

　　A. 抽浆清孔　　　　　　　　　　　　B. 换浆清孔

　　C. 掏渣清孔　　　　　　　　　　　　D. 喷射清孔

2.（　　　）仅适用于机动推钻、冲抓、冲击钻孔的各类土层摩擦桩的初步清孔。

　　A. 抽浆清孔　　　　　　　　　　　　B. 换浆清孔

　　C. 掏渣清孔　　　　　　　　　　　　D. 喷射清孔

3. 孔底沉淀厚度应不大于设计规定，无规定时，对直径小于等于 1.5 m 的摩擦桩宜不大于（　　　），对桩径大于 1.5 m 或桩长大于 40 以及土质较差的摩擦桩宜不大于（　　　），对支撑桩宜不大于（　　　）。

　　A. 50 mm　　　　　　B. 100 mm　　　　　　C. 200 mm　　　　　　D. 300 mm

二、判断题

1. 终孔检查合格后应立即进行清孔。（　　　）

2. 清孔过程中，可以用加深钻孔深度的方式代替清孔。（　　　）

3. 无论采用何种方法清孔，在清孔排渣时，均必须保持孔内水头，防止坍孔。（　　　）

4. 清孔后，泥浆的相对密度应控制在 1.1～1.3，对冲击成孔的桩可适当提高。（　　　）

【任务评价与分析】

活动过程评价

日期：

序号	评价要点	配分	得分	总评
1	能按要求接受任务	5		A≥85 分 75 分≤B≤84 分 60 分≤C≤74 分 D≤59 分
2	能独立查阅相关资料	10		
3	能完成上述任务	60		
4	能用专业术语进行交流	5		
5	同学之间能相互合作	10		
6	能严格遵守作息时间、遵守纪律	10		
小结与建议				

学习活动四　钢筋骨架与导管安装

【学习目标】

1. 熟悉钢筋骨架的制作、运输和起吊要求、注意事项。
2. 熟悉导管安装要求。
3. 能根据设计图纸,进行钢筋下料和骨架的制作。
4. 能对钢筋的运输、起吊和就位等各道施工程序进行质量控制和检验。

【建议学时】

2 学时。

【学习准备】

施工规范、工程资料、图片、教材。

【学习过程】

任务描述	制作桩基钢筋笼,模拟其下放、固定过程 
任务引导	1. 制作钢筋骨架前的准备工作是什么? 2. 钢筋如何储存?怎样除锈? 3. 钢筋骨架的制作的方法是什么? 4. 讨论如何顺利、安全、准确地吊放钢筋骨架? 5. 若骨架分两节制作,其连接要求有哪些? 6. 导管为什么分节安装?为什么要进行水密承压和接头拉伸试验?

1. 答:＿＿＿＿＿＿＿＿＿＿＿＿＿＿＿＿＿＿＿＿＿＿＿＿＿＿＿＿＿＿＿＿＿

＿＿＿＿＿＿＿＿＿＿＿＿＿＿＿＿＿＿＿＿＿＿＿＿＿＿＿＿＿＿＿＿＿＿＿＿＿＿

2. 答：_____

_____

3. 答：_____

_____

4. 答：_____

_____

5. 答：_____

_____

6. 答：_____

_____

【任务思考与练习】

判断题

1. 长桩骨架宜根据吊装条件分节制作。（　　　　）

2. 钢筋骨架的保护层厚度一般为 60～80 mm，设计有规定时，以设计为准。（　　　　）

3. 钢筋骨架就位后，需进行固定，既要防止钢筋骨架变位或落入孔中，又要防止浇注混凝土时骨架上浮现象的发生。（　　　　）

【任务评价与分析】

活动过程评价

日期：

序号	评价要点	配分	得分	总评
1	能按要求接受任务	5		A≥85 分
2	能独立查阅相关资料	10		A≥85 分
3	能完成上述任务	60		75 分≤B≤84 分
4	能用专业术语进行交流	5		60 分≤C≤74 分
5	同学之间能相互合作	10		D≤59 分
6	能严格遵守作息时间、遵守纪律	10		
小结与建议				

学习活动五 灌注水下混凝土

【学习目标】

1. 掌握灌注水下混凝土的施工流程。
2. 掌握灌注水下混凝土的事故预防和处理方法。
3. 能根据施工要求，编制水下混凝土的施工方案。

【建议学时】

4学时。

【学习准备】

施工规范、工程资料、图片、课件、教材。

【学习过程】

任务描述	某钻孔灌注桩基础的桩长49 m，钻孔桩直径为1.5 m，导管直径为0.25 m，钻孔深度为孔内水面以下50 m，编制灌注水下混凝土施工方案
任务引导	根据任务说明，查阅相关资料，编制出一个完整的分项施工方案。 讨论并回答以下问题： 1. 灌注用水下混凝土和普通混凝土浇筑的区别是什么？ 2. 灌注水下混凝土之前为什么设置隔水？ 3. 为保证灌注的顺利进行，灌注前的准备事项有哪些？ 4. 灌注过程中，需注意哪些事项？ 5. 灌注将近结束时，应注意哪些问题？为什么？ 6. 卡管如何预防？怎么处理？ 7. 怎样预防埋管？出现埋管如何处理？ 8. 怎样检测水下混凝土的灌注顶面的位置？ 9. 在灌注施工完成后，如何展开桩基检查？ 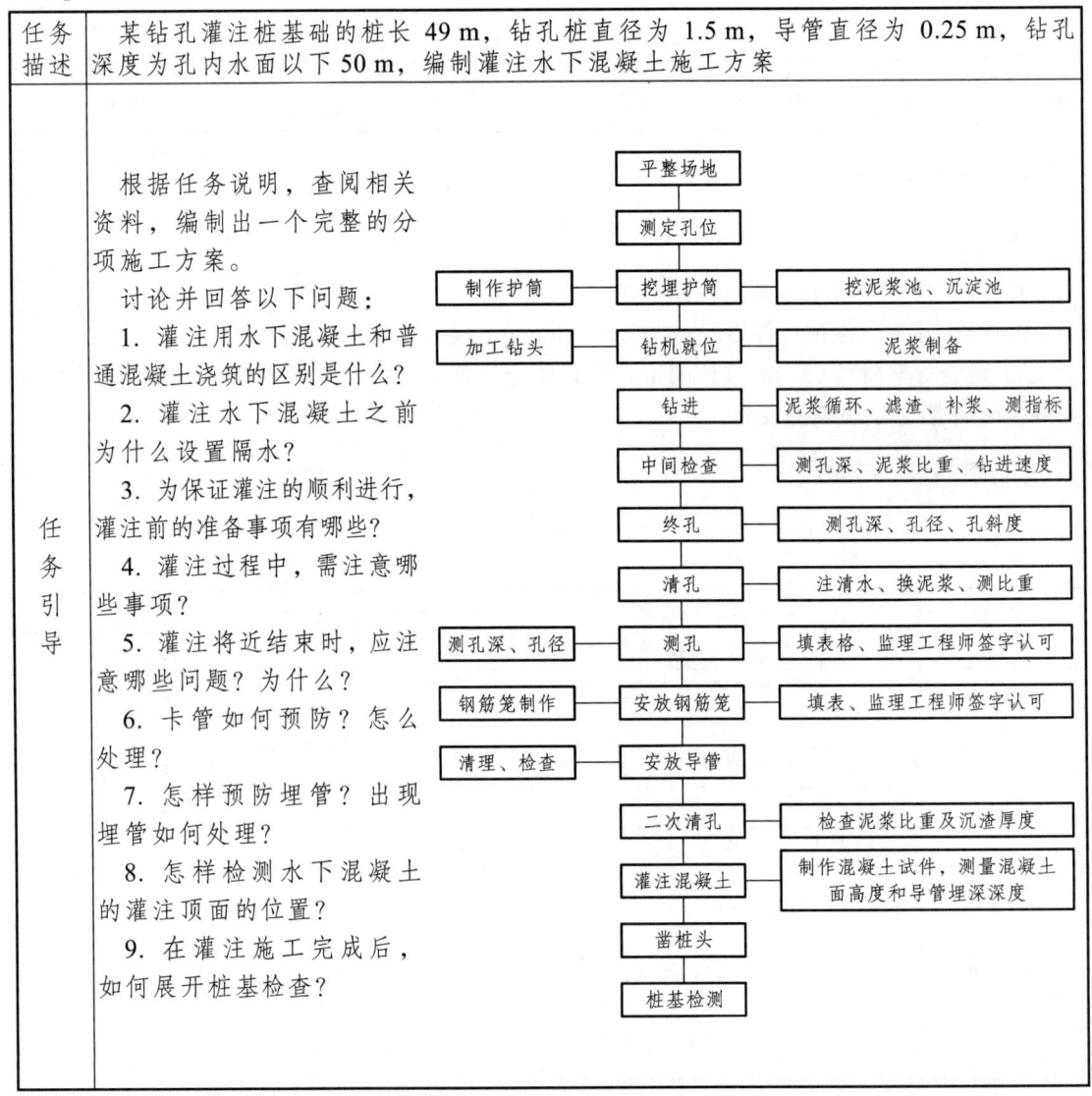

98

编制分项施工方案：_____

_____

_____

_____

_____

1. 答：_____

_____

2. 答：_____

_____

3. 答：_____

_____

4. 答：_____

_____

5. 答：_____

_____

6. 答：_____

_____

7. 答：_____

_____

8. 答：_____

_____

9. 答：_____

_____

10. 一个桩基施工方案主要包括哪些内容？（主要叙述水下混凝土灌注的施工方案）

答：_____

_____

【任务思考与练习】

一、选择题

1. 导管是灌注水下混凝土的重要工具，导管内径一般为（　　　）。
   A. 200～350 mm   B. 200～300 mm
   C. 100～250 mm   D. 150～350 mm

2. 水下混凝土配制时，细集料宜采用级配良好的（　　　）。
   A. 细砂   B. 中砂
   C. 粗砂   D. 均可

3. 在水下混凝土的灌注过程中，混凝土在导管中下不去的现象，称为（　　　）。
   A. 导管进水   B. 坍孔
   C. 埋管   D. 卡管

4. 灌注水下混凝土过程中，中期导管进水的原因不包括（　　　）。
   A. 导管提升过猛   B. 首批混凝土储量不足
   C. 导管焊缝破裂   D. 导管接头不严

5. 混凝土拌合物应具有良好的和易性和足够的流动性，水下混凝土的坍落度宜为（　　　）mm。
   A. 30～50   B. 70～90
   C. 100～150   D. 160～220

6. 混凝土灌注过程中应采取措施防止钢筋笼上浮。当灌注的混凝土顶面距钢筋骨架底部（　　　）左右时，宜降低灌注速度；混凝土顶面上升到骨架底部（　　　）以上时，宜提升导管，使其底口高于骨架底部（　　　）以上后再恢复正常灌注速度。
   A. 1 m   B. 2 m   C. 3 m   D. 4 m

二、判断题

1. 导管在使用前应进行水密承压和接头抗拉试验，可以用压气试压。（　　）
2. 导管可在钻孔旁预先分段拼装，在吊放时再逐段拼装。（　　）
3. 灌注首批混凝土之前，不需要在漏斗口下设置隔水栓、阀，直接灌注即可。（　　）
4. 为确保桩顶混凝土质量，灌注的桩顶高程应比设计高出 0.5～1.0 m。（　　）
5. 灌注水下混凝土时，灌注工作应在首批混凝土终凝之前完成。（　　）
6. 水下混凝土可经试验掺配适量的早强剂。（　　）
7. 水下混凝土的灌注过程中，导管的埋深宜为 2～6 m，最大不超过 9 m。（　　）
8. 水下混凝土的灌注过程中，若遇大雨，可停止灌注，采取措施保护好孔口。（　　）

【任务评价与分析】

活动过程评价

日期：

序号	评价要点	配分	得分	总评
1	能按要求接受任务	5		A≥85 分 75 分≤B≤84 分 60 分≤C≤74 分 D≤59 分
2	能独立查阅相关资料	10		
3	能完成上述任务	60		
4	能用专业术语进行交流	5		
5	同学之间能相互合作	10		
6	能严格遵守作息时间、遵守纪律	10		
小结与建议				

学习活动六　承台（系梁）施工

【学习目标】

1. 掌握承台、系梁的施工流程及施工要点。
2. 能识读承台、系梁构造图。
3. 能根据设计图纸，对承台、系梁施工进行质量控制和质量检验。

【建议学时】

4 学时。

【学习准备】

施工规范、工程资料、图片、教材。

【学习过程】

任务描述	结合图片和根据相关理论知识，试写出承台的施工方案 
任务引导	1. 承台施工的工艺流程。 2. 各个环节中的注意事项。 3. 下图为系梁，请说明系梁与承台的区别。 4. 根据系梁设置的位置、作用，写出系梁施工的工艺流程

1. 答：_____

_____

2. 答：_____

_____

3. 答：_____

_____

4. 答：_____

_____

5. 承台施工方案的主要内容：_____

_____

_____

_____

_____

【任务思考与练习】

判断题

1. 为加强立柱之间的横向联系，在立柱间可设置系梁。（   ）
2. 承台浇注完成，混凝土初凝后，应立即用草袋覆盖，洒水保湿养生。（   ）

【任务评价与分析】

活动过程评价

日 期：

序号	评价要点	配分	得分	总评
1	能按要求接受任务	5		A≥85 分 75 分≤B≤84 分 60 分≤C≤74 分 D≤59 分
2	能独立查阅相关资料	10		
3	能完成上述任务	60		
4	能用专业术语进行交流	5		
5	同学之间能相互合作	10		
6	能严格遵守作息时间、遵守纪律	10		
小结与建议				

任务七　桥梁墩台施工

【学习目标】

1. 熟悉桥墩、桥台施工的流程及施工要点。
2. 能参与、指导墩台施工。
3. 能规范填写一些检查、检验表格。

【任务描述】

熟悉并掌握墩台施工过程；能根据施工方案等对墩台施工进行全过程控制。

【工作流程与活动】

1. 砌体墩台施工（4学时）。
2. 混凝土墩台施工（4学时）。
3. 墩（台）帽、盖梁施工（4学时）。

学习活动一　砌体墩台施工

【学习目标】

1. 熟悉圬工材料、墩台的砌筑方法。
2. 掌握砌体墩台施工的技术要求。
3. 能根据设计图纸，参与圬工墩台的砌筑并对各程序进行质量控制和检验。

【建议学时】

4学时。

【学习准备】

施工规范、工程资料、图片、课件、教材。

【学习过程】

任务描述	根据砌筑的相关理论，简述墩台、身的砌筑要点   重力式桥墩
任务引导	1. 砌筑墩台身之前，对下面的基础要进行哪些项目检查？砌筑之前，有哪些清洁工作？ 2. 根据砌筑顺序、材料等选择定位和砌筑方法。  3. 模拟该砌筑方法的砌筑过程。 4. 墩台表面外露，为了美观，应如何处理？ 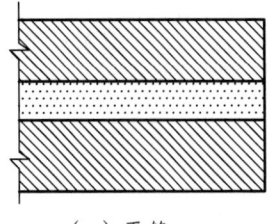 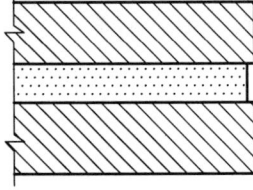 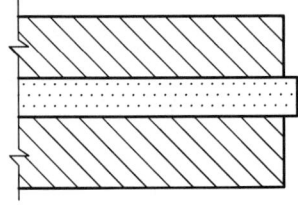 （a）平缝　　　　　　（b）凹缝　　　　　　（c）凸缝 5. 说明：三种勾缝形式的区别、施工方法、材料要求。 6. 砌筑墩台身的养生与混凝土墩台的养生有什么区别？ 7. 在砌筑墩台身施工完成后，如何展开检查？

1. 答：_____

_____

2. 答：_____

_____

3. 答：_____

_____

4. 答：_____

_____

5. 答：_____

_____

6. 答：_____

_____

7. 答：_____

_____

【任务思考与练习】

一、选择题

1. 圬工墩台施工，浆砌粗料石时，一般采用（　　　）进行施工。
   A. 挤浆法　　　　　　　　　　　　B. 铺浆法
   C. 灌浆法　　　　　　　　　　　　D. 铺浆法和挤浆法
2. 浆砌片石施工时，砌缝宽度一般不应大于（　　　）。
   A. 30 mm　　　　　　　　　　　　B. 40 mm
   C. 20 mm　　　　　　　　　　　　D. 50 mm

3. 砌筑用砂浆，当温度超过 30 ℃ 时，宜在（　　）内使用完毕。

A. 2～3 h   B. 1～2 h

C. 1.5～3 h   D. 1～3 h

二、判断题

1. 砌筑施工时，各砌层应先砌外圈定位行列，再砌筑里层，其外圈砌块应与里层砌块交错连成一体。（　　）

2. 浆砌块石施工时，一般多采用铺浆法和灌浆法。（　　）

【任务评价与分析】

活动过程评价

日期：

序号	评价要点	配分	得分	总评
1	能按要求接受任务	5		A≥85 分 75 分≤B≤84 分 60 分≤C≤74 分 D≤59 分
2	能独立查阅相关资料	10		
3	能完成上述任务	60		
4	能用专业术语进行交流	5		
5	同学之间能相互合作	10		
6	能严格遵守作息时间、遵守纪律	10		
小结与建议				

学习活动二　混凝土墩台施工

【学习目标】

1. 掌握混凝土、钢筋混凝土墩台的施工工艺流程及施工要点。
2. 能识读混凝土、钢筋混凝土墩台的构造图。
3. 能读懂设计图纸，参与墩台施工并对各工程进行质量控制和检验。

【建议学时】

4 学时。

【学习准备】

图纸、施工规范、工程资料、图片、课件、教材。

【学习过程】

任务描述	  （a）　　　　　　　　　　（b） 图（a）、（b）均为桥墩的施工，找出它们的不同之处
任务引导	查阅相关资料，分组讨论，找出以下知识和内容： 1. 图（a）中的桥墩施工流程。 2. 图（b）中的桥墩施工流程。 3. 图（a）、（b）中都有脚手架，两种脚手架的作用是否相同？ 4. 图（a）、（b）中模板的固定各采用的是什么方法？ 5. 查找相关资料，谈谈墩柱养护的方式？

1. 答：_____

_____

_____

2. 答：_____

_____

_____

3. 答：_____

_____

_____

4. 答：_____

_____

_____

5. 答：_____

_____

_____

【任务思考与练习】

一、选择题

1. 浇筑混凝土完成后，应及时进行养护，养护时间不得少于（   ）。

　A. 3 d　　　　　　　　B. 5 d　　　　　　　　C. 7 d　　　　　　　　D. 10 d

二、判断题

1. 桥墩立柱高度内如有系梁连接，则系梁和墩柱同时浇筑。（   ）

2. 墩台身高度超过 15 m 时，可分节段施工，节段的高度宜根据混凝土施工条件和钢筋定尺长度等因素确定。（　　）

【任务评价与分析】

活动过程评价

日　期：

序号	评价要点	配分	得分	总评
1	能按要求接受任务	5		A≥85 分 75 分≤B≤84 分 60 分≤C≤74 分 D≤59 分
2	能独立查阅相关资料	10		
3	能完成上述任务	60		
4	能用专业术语进行交流	5		
5	同学之间能相互合作	10		
6	能严格遵守作息时间、遵守纪律	10		
小结与建议				

学习活动三 墩（台）帽、盖梁施工

【学习目标】

1. 掌握墩（台）帽、盖梁的施工工艺流程及施工要点。
2. 能识读墩（台）帽、盖梁的构造图。
3. 能读懂设计图纸，参与墩（台）帽施工并对各工程进行质量控制和检验。

【建议学时】

4 学时。

【学习准备】

图纸、施工规范、工程资料、图片、课件、教材。

【学习过程】

任务 描述	结合图片和根据相关理论知识，试写出一个盖梁的施工方案 
任务 引导	查阅相关资料并讨论，找出以下知识和内容： 1. 根据上图中的盖梁施工图片，编写盖梁施工的工艺流程。 2. 根据盖梁的施工工艺流程，确定每一步骤是如何进行具体施工的。 （1）准备工作； （2）如何准确放样盖梁的位置、尺寸、高程等； （3）根据盖梁的高度选择合适的支架的形式、搭设要求、固定措施等； （4）查阅相关资料，若采用抱箍法需要经过哪些演算和试验？

1. 答: _____

_____

2. 准备工作有哪些?

答: _____

_____

3. 盖梁放样内容及方法是什么?

答: _____

_____

4. 抱箍法的验算和试验方法、内容有哪些?

答: _____

_____

5. 盖梁施工有几种方法? 各适合哪种情况?

答: _____

_____

【任务思考与练习】

判断题

1. 为了加强柱和盖梁之间的整体性,可将柱顶的钢筋加长伸入到盖梁内。(　　　)

2. 浇筑完成,混凝土初凝后,混凝土的模板即可拆模。(　　　)

【任务评价与分析】

活动过程评价

日 期：

序号	评价要点	配分	得分	总评
1	能按要求接受任务	5		A≥85 分 75 分≤B≤84 分 60 分≤C≤74 分 D≤59 分
2	能独立查阅相关资料	10		
3	能完成上述任务	60		
4	能用专业术语进行交流	5		
5	同学之间能相互合作	10		
6	能严格遵守作息时间、遵守纪律	10		
小结与建议				

任务八 预应力混凝土工程

【学习目标】

1. 熟悉预应力混凝土施工前的准备工作。
2. 熟悉先张法施工的过程及要点。
3. 熟悉后张法预应力混凝土的施工过程及要点。
4. 掌握预应力混凝土施工的安全事项。
5. 能规范填写一些检查、检验表格。

【任务描述】

熟悉并掌握预应力混凝土的施工过程及前期检查、检验准备工作；能根据施工方案对施工过程进行控制。

【工作流程与活动】

1. 预应力筋与张拉设备（4 学时）。
2. 施工准备（4 学时）。
3. 先张法施工（6 学时）。
4. 锚具与预留孔道（4 学时）。
5. 后张法施工（4 学时）。

学习活动一 预应力筋与张拉设备

【学习目标】

1. 熟悉常用预应力筋的类型及性能。
2. 熟悉夹具和连接器的类型及使用。
3. 掌握预应力筋及夹具、连接器的检验内容及合格标准。
4. 能根据具体情况，进行钢绞线的下料、检验等工作。
5. 能进行夹具、连接器及张拉设备的检验。

【建议学时】

4 学时。

【学习准备】

规范、工程资料、图片、课件、教材。

【学习过程】

任务描述	某桥梁预制场进行 16 m 先张法预应力空心板制作，预应力钢材为钢绞线，熟悉钢绞线的制作过程，选择合适的夹具、连接器以及张拉设备，进行验收及准备工作
任务引导	查阅相关资料并讨论，找出以下知识和内容： 1. 常用的预应力筋有哪几种？ 2. 钢绞线与钢丝绳有哪些区别？ 3. 如何验收与检验钢绞线？ 4. 预应力螺纹筋与普通Ⅱ级筋有哪些区别？ 5. 连接器有哪些功能？ 6. 张拉设备有哪几种？ 7. 哪些张拉设备需要配套检验？要得到哪些数据？ 8. 钢绞线的运输、装卸及制作过程中要注意哪些问题？

1. 答：_____

_____

2. 答：_____

_____

3. 答：_____

_____

4. 答：_____

_____

5. 答：_____

_____

6. 答：_____

_____

7. 答: _____

_____

8. 答: _____

_____

【任务思考与练习】

一、选择题

1. 预应力筋进场时应分批验收，分批检验时每批质量对钢丝不大于（   ），对钢绞线不大于（   ），对螺纹钢筋不大于（   ）。

    A. 50 t   B. 60 t   C. 80 t   D. 100 t

2. 预应力筋的张拉宜采用穿心式双作用千斤顶，千斤顶的额定张拉力宜为所需张拉力的（   ）倍，且不得小于（   ）倍。

    A. 1   B. 1.2   C. 1.5   D. 2

3. 与千斤顶配套使用的压力表应采用防振型产品，其最大读数应为张拉力的（   ）倍，标定精度应不低于 1.0 级。

    A. 1.0 ~ 1.2   B. 1.2 ~ 1.5   C. 1.5 ~ 2.0   D. 2.0 ~ 3.0

4. 千斤顶与压力表应配套标定、配套使用，出现（   ）情况时，应重新标定

    A. 使用超过 3 个月

    B. 使用超过 6 个月

    C. 张拉次数超过 300 次

    D. 千斤顶或压力表在使用过程中出现异常

    E. 千斤顶检修或更换配件后

二、判断题

1. 预应力筋应保持清洁，存放期不超过 6 个月，宜放在干燥、防潮、通风良好、无腐蚀性气体和介质的仓库内；室外存放时应支垫和遮盖。（   ）

2. 夹具应具有良好的自锚性能、松锚性能和安全的重复使用性能，重复使用的次数不少于 300 次。（   ）

3. 在混凝土结构或构件中的永久性预应力筋连接器，应符合夹具的性能要求。

4. 用于先张法施工且在张拉后还需进行放张和拆卸的连接器，应符合锚具的性能要求。（   ）

5. 预应力筋的锚具产品应配套使用，特殊情况下，工作锚可先作为工具锚使用，最后用作工作锚。（   ）

【任务评价与分析】

活动过程评价

日期：

序号	评价要点	配分	得分	总评
1	能按要求接受任务	5		
2	能独立查阅相关资料	10		A≥85分
3	能完成上述任务	60		75分≤B≤84分
4	能用专业术语进行交流	5		60分≤C≤74分
5	同学之间能相互合作	10		D≤59分
6	能严格遵守作息时间、遵守纪律	10		
小结与建议				

学习活动二　施工准备

【学习目标】

1. 熟悉预应力筋张拉的准备内容。
2. 熟悉预应力筋张拉前的现场准备工作。
3. 能进行张拉前的各项检验工作。
4. 能进行伸长值等必要的计算。

【建议学时】

4 学时。

【学习准备】

规范、工程资料（钢绞线试验资料，油泵、压力表及千斤顶的配套试验资料）、课件、教材。

【学习过程】

任务描述	某桥梁预制场进行 16 m 先张法预应力空心板制作，试叙述张拉准备工作，并进行 50 m 长钢绞线的理论伸长值计算及读出对应压力表的读数
任务引导	查阅相关资料并讨论，找出以下知识和内容： 1. 张拉前需要准备哪些工作？ 2. 张拉前现场要做好哪些工作？ 3. 为何要进行钢绞线理论伸长值的计算？ 4. 压力表数值代表什么含义？ 5. 压力表读数与钢绞线伸长值对应的含义是什么？ 6. 50 m 钢绞线伸长值是多少？ 7. 100 m 钢绞线的伸长值是多少？ 8. 张拉 100 m 钢绞线比张拉同束的 50 m 长的钢绞线需要更大的力吗？

1. 答： _____

_____

_____

2. 答：_____

_____

_____

3. 答：_____

_____

_____

4. 答：_____

_____

_____

5. 答：_____

_____

_____

6. 答：_____

_____

_____

7. 答：_____

_____

_____

8. 答：_____

_____

_____

【任务思考与练习】

填空题

下图中压力表读数为_____，这意味着千斤顶施加了_____的力，所使用的公式是_____。

【任务评价与分析】

活动过程评价

序号	评价要点	配分	得分	总评
1	能按要求接受任务	5		
2	能独立查阅相关资料	10		A≥85分
3	能完成上述任务	60		75分≤B≤84分
4	能用专业术语进行交流	5		60分≤C≤74分
5	同学之间能相互合作	10		D≤59分
6	能严格遵守作息时间、遵守纪律	10		
小结与建议				

学习活动三　先张法施工

【学习目标】

1. 掌握先张法施工过程。
2. 掌握先张法施工过程中的注意事项。
3. 能描述、模拟施工过程。
4. 能处理施工过程中遇到的一些问题。

【建议学时】

6 学时。

【学习准备】

规范，工程资料，施工准备的资料、课件、教材。

【学习过程】

任务描述	某桥梁预制场进行 16 m 先张法预应力空心板制作，分组模拟整个先张法施工过程
任务引导	查阅相关资料并讨论，找出以下知识和内容： 1. 张拉前准备了哪些工作？ 2. 施工现场准备了哪些工作？ 3. 简述施工步骤。 4. 何时放张？ 5. 放张的设备与顺序是什么？ 6. 怎样达到初应力？ 7. 达到初应力的标志是什么？ 8. 怎样证明你按规定施加了预应力？

1. 答：_____

_____

2. 答：_____

_____

3. 答：_____

_____

4. 答：_____

_____

5. 答：_____

_____

6. 答：_____

_____

7. 答：_____

_____

8. 答：_____

_____

【任务思考与练习】

一、填空题

1. 图中的白塑料管（PVC 管）的作用是_____，施工时对此管应注意_____。

二、单选题

1. ( ) 是为保持预应力筋拉力的临时性锚固装置，构件制作完成后可以卸下重复使用。

    A. 锚具   B. 夹具   C. 连接器   D. 横梁

2. 在墩式张拉台座中，( ) 是用来固定预应力筋的位置。

    A. 台面   B. 传力柱   C. 横梁   D. 定位钢板

3. 在墩式张拉台座中，( ) 是用型钢或钢筋混凝土制作，将张拉力传给承力架的构件，应保证其刚度和稳定性。

    A. 台面   B. 传力柱   C. 横梁   D. 定位钢板

4. 铺设先张法预应力筋时，在应力有效长度范围以外部分，应按图纸要求进行 ( ) 处理。

    A. 切断   B. 失效   C. 防锈   D. 加固

5. 当设计无规定时，先张法放张时混凝土强度应不低于混凝土设计强度等级值的 ( )。

    A. 75%   B. 80%   C. 100%   D. 90%

6. 预应力筋采用应力控制方法张拉时，应以伸长值进行校核，实际伸长值与理论伸长值的差值应控制在 ( ) 以内，否则，应暂时停止张拉，并查明原因。

    A. $-10\% \sim 5\%$ B. $\pm 10\%$ C. $\pm 5\%$ D. $\pm 6\%$

7. 张拉时，预应力钢绞线的最大控制应力不应超过 ( )。

    A. $1.05R_y^b$ B. $0.8R_y^b$ C. R_y^b D. $0.9R_y^b$

8. 张拉时，预应力钢绞线的断丝数量应控制在 ( ) 以内。

    A. 1%   B. 5%   C. 3%   D. 0

9. 预应力筋放张时构件的混凝土强度应不低于设计强度等级值的 ( )，弹性模量不低于混凝土 28 d 弹性模量的 ( )，当采用混凝土龄期代替弹性模量控制时应不少于 ( ) d。

    A. 75%   B. 80%   C. 3   D. 5

三、判断题

1. 张拉用的千斤顶与油泵、压力表应配套标定、配套使用，以确定张拉力与压力表之间的关系曲线，标定应在经国家授权的法定计量技术机构定期进行。( )

2. 千斤顶一旦标定完成，确定了关系曲线，以后使用就不需要再标定了。( )

3. 硬度检验：应从每批中抽取 5% 的锚具且不少于 5 套，对其中有硬度要求的零件做硬度试验，对多孔夹片式锚具的夹片，每套至少抽取 5 片。( )

4. 预应力筋张拉时，应先调整到初应力 σ_0，该初应力宜为张拉控制应力 σ_{con} 的 10% ~ 15%，伸长值应从初应力时开始量测。力筋的实际伸长值就是量测的伸长值。( )

5. 整批张拉时，千斤顶应对称布置。( )

6. 张拉时，千斤顶的张拉力作用线与预应力筋的轴线不一定重合。( )

7. 预应力筋实施张拉和放张作业时，应采取安全保护措施，预应力筋两端正面严禁站人和穿越。（   ）

8. 螺纹筋作为预应力筋实施张拉时，不允许断筋。（   ）

9. 先张法预应力筋张拉完毕后，其位置偏差不大于 5 mm，同时应不大于结构最短边长的 4%，且宜在 4 h 内浇筑混凝土。（   ）

10. 先张法长线台上预应力筋的切断顺序，由放张端开始，依次向另一端切断。（   ）

【任务评价与分析】

活动过程评价

日期：

序号	评价要点	配分	得分	总评
1	能按要求接受任务	5		A≥85 分 75 分≤B≤84 分 60 分≤C≤74 分 D≤59 分
2	能独立查阅相关资料	10		
3	能完成上述任务	60		
4	能用专业术语进行交流	5		
5	同学之间能相互合作	10		
6	能严格遵守作息时间、遵守纪律	10		
小结与建议				

学习活动四　锚具与预留孔道

【学习目标】

1. 熟悉锚具、制孔器的种类。
2. 掌握锚具、波纹管的使用要求及检验内容。
3. 能进行制孔器的安装。
4. 能熟悉锚具的各部件及安装要求。

【建议学时】

4 学时。

【学习准备】

规范、工程资料、图片、视频、课件、教材。

【学习过程】

任务描述	如下图所示，某桥梁预制场进行后张法 35 m T 梁制作，预应力钢材为钢绞线。认识锚具、波纹管，熟悉锚具、制孔器的种类及检查验收。 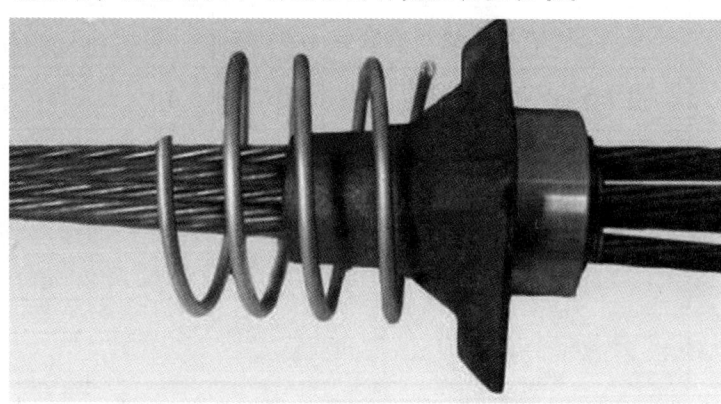 

任务引导	查阅相关资料并讨论，找出以下知识和内容： 1. 说出图一中各部分的名称。 2. 说出图一中各部分的作用。 3. 图中为何种锚具？你知道的锚具种类有哪些？ 4. 锚具应如何验收？ 5. 图中为何种制孔器？你知道几种？ 6. 制孔器应如何验收？

1. 答：_____

_____

2. 答：_____

_____

3. 答：_____

_____

4. 答：_____

_____

5. 答：_____

_____

6. 答：_____

_____

【任务思考与练习】

一、单选题

1. 作为预埋式制孔的管道，下列要求说法错误的是（   ）。

A. 不应有漏浆现象

B. 具有足够的强度和刚度

C. 在浇筑混凝土重力的作用下保持原有的形状

D. 不传递黏结应力

2. 预埋制孔器管道检验时先进行（   ）的检验，合格后再进行其他指标的检验。

A. 外观质量　　　B. 径向刚度　　　　C. 抗弯曲渗漏　　　　D. 抗渗漏

3. 夹片式锚具主要作为锚固（　　　）。

    A. 钢绞线束　　　　　　　　　　　　B. 钢丝束

    C. 直径为 12 ~ 14 mm 的冷拉 Ⅲ、Ⅳ 钢筋

    D. 直径为 14 mm 的冷拉 Ⅲ、Ⅳ 钢筋束

4. 后张法预应力筋断丝和滑丝的要求是：每束钢丝断丝或滑丝不超过（　　　），每束钢绞线丝断丝或滑丝不超过（　　　）；每个断面的断丝数之和不应超过该断面钢丝总数的（　　　）；螺纹筋断筋和滑移（　　　）。

    A. 1 根　　　　　　B. 1 丝　　　　　　C. 1%

    D. 2%　　　　　　E. 不允许

5. 切割后预应力筋外露长度应（　　　）30 mm，且应不小于预应力筋直径的（　　　）倍。

    A. 不小于　　　　B. 不大于　　　　　C. 1.2　　　　　　D. 1.5

二、判断题

1. 所有管道均应设压浆孔，在最高点设排气孔，在最低点必须设排水孔。（　　　）

2. 采用抽芯法制孔时，抽芯时间应通过试验确定，一般在混凝土初凝之后与终凝之前，以混凝土抗压强度为 0.4 ~ 0.8 MPa 为宜。（　　　）

3. 后张法预应力管道的连接处，应采用直径大一级的同类管道，长度宜为管道直径的 5 ~ 7 倍，并应缠绕紧密，防止水泥浆浸入。（　　　）

4. 采用蒸汽养护混凝土时，在养护完成前不应安装预应力筋。（　　　）

5. 曲线预应力筋和长度大于等于 20 m 的直线预应力筋，应采用两端张拉。（　　　）

6. 预应力筋采用两端张拉时，宜两端同时张拉；各千斤顶之间的同步张拉力的允许误差宜为 ± 2%。（　　　）

【任务评价与分析】

活动过程评价

日　期：

序号	评价要点	配分	得分	总评
1	能按要求接受任务	5		
2	能独立查阅相关资料	10		A≥85 分
3	能完成上述任务	60		75 分≤B≤84 分
4	能用专业术语进行交流	5		60 分≤C≤74 分
5	同学之间能相互合作	10		D≤59 分
6	能严格遵守作息时间、遵守纪律	10		
小结与建议				

学习活动五　后张法施工

【学习目标】

1. 熟悉波纹管的安装要点。
2. 熟悉预应力筋的穿束过程及要点。
3. 熟悉预应力筋张拉程序。
4. 能够进行波纹管的安装及检查。
5. 能根据工地的实际情况，选用合适的张拉程序。
6. 能进行理论伸长量的计算以及实际伸长量的量测。

【建议学时】

4学时。

【学习准备】

规范、工程资料、视频、课件、教材。

【学习过程】

任务一 描述	某桥梁预制场进行后张法35 m T梁制作。进行波纹管的安装、连接，钢绞线的穿束，张拉前的准备工作 
任务 引导	查阅相关资料并讨论，找出以下知识和内容： 1. 波纹管安装要求。 2. 波纹管连接要求。 3. 钢绞线穿束方法。 4. 张拉前需做哪些工作？ 5. 查阅相关资料，35 m长的钢绞线理论上一般伸长值为多少？你是否能计算？ 6. 曲线筋与直线筋的伸长值计算方法有什么不同？ 7. 怎样正确安装锚具？ 8. 怎样确定张拉顺序、张拉程序？

任务二 描述	模拟张拉过程 
任务 引导	1. 实际操作过程是怎样的? 2. 实际伸长值的量测是什么步骤? 3. 出现实际伸长值与理论伸长值的偏差超过±6%的可能原因是什么? 4. 你认为张拉过程中更应当注意哪些问题?

任务一:

1. 答:_____

_____

2. 答:_____

_____

3. 答:_____

_____

4. 答:_____

_____

130

5. 答：_____

_____

6. 答：_____

_____

7. 答：_____

_____

8. 答：_____

_____

任务二：

简述模拟施工过程：_____

_____

_____

_____。

1. 答：_____

_____

2. 答：_____

_____

3. 答：_____

_____

4. 答：_____

_____

【任务思考与练习】

一、单选题

1. 后张法用预应力钢筋的下料长度的计算公式为（　　）。

A. 下料长度=孔道净长（计算长度）

B. 下料长度=孔道净长（计算长度）+ 构件两端的预留长度（工作长度）

C. 下料长度=孔道净长（计算长度）+ 张拉端的预留长度（工作长度）

D. 下料长度=孔道净长（计算长度）+ 10 cm

2. 当空气湿度大于 70%或盐分过大时，未采取防腐蚀措施的力筋在安装后直至压浆时的容许间隔时间为（　　）。

A. 7 d　　　　　　B. 15 d　　　　　　C. 20 d　　　　　　D. 10 d

3. 当设计无规定时，对于后张法预应力筋，张拉时混凝土强度应不低于混凝土设计强度等级值的（　　），弹性模量应不低于混凝土 28 d 弹性模量的 80%。

A. 80%　　　　　　B. 75%　　　　　　C. 100%　　　　　　D. 90%

4. （　　）是用水泥浆填满孔道中预应力筋周围的空隙，目的是保护预应力筋不致锈蚀，并使预应力筋与梁体结成整体，从而提高梁的承载能力、抗裂性能和耐久性。

A. 压浆　　　　　　B. 封锚　　　　　　C. 黏结　　　　　　D. 放松

5. 压浆应在（　　）内完成，否则应采取防止预应力筋锈蚀的措施。

A. 24 h　　　　　　B. 10 h　　　　　　C. 48 h　　　　　　D. 2 h

6. 封锚应采用与构件（　　）的混凝土并应严格控制封锚后的梁体长度。

A. 强度高一个等级　　　　　　　　　B. 强度低一个等级

C. 不同　　　　　　　　　　　　　　D. 同强度

7. 真空辅助压浆就是在压浆前，在压浆的另一端先用真空泵抽吸预应力孔道的空气，使孔道的真空度达到（　　）MPa，然后在孔道的另一端采用压浆泵将水泥浆浆液压入孔道中，以此提高孔道压浆的充盈度和密实度。

A. − 0.06 ~ − 0.1　　　　　　　　　B. 0 ~ − 0.06

C. − 0.02 ~ − 0.06　　　　　　　　　D. − 0.1 以下

8. 压浆时，对曲线管道和竖向管道宜从（　　）的压浆孔压入；对上下分层的管道，应按照（　　）的顺序进行压浆。

A. 最低点　　　　B. 最高点　　　　C. 先下层后上层　　　　D. 先上层后下层

9. 对水平和曲线孔道，压浆的压力宜为（　　）；对超长孔道，最大压力宜不超过（　　）；竖向孔道，压力宜为（　　）。

A. 0.1 MPa　　　　B. 0.5 ~ 0.7 MPa　　　　C. 0.3 ~ 0.4 MPa　　　　D. 1 MPa

二、判断题

1. 穿束前应检查锚垫板和孔道，锚垫板应位置准确，孔道内应畅通，无水和其他杂物。（　　）

2. 后张法预应力筋在张拉锚固完毕并经检验合格后即可切割端头多余的预应力筋。切割时可采用电弧切割，但不得损伤锚具。（　　）

3. 后张法预应力筋的张拉顺序应符合设计要求，当设计未规定时，可采用分批、分阶段的方式对称张拉。（　　）

4. 预应力筋张拉锚固后，孔道应尽早压浆。一般预应力混凝土构件张拉完毕，停 10 h 左右，观察预应力钢材和锚具稳定后，即可进行。（　　）

5. 长期外露的锚具，应采取防锈措施。（　　）

6. 压浆机可采用风压式压浆泵进行孔道压浆。（　　）

7. 预应力筋张拉锚固后，孔道应尽早压浆，且应在 48 h 内完成压浆。（　　）

8. 压浆应缓慢、均匀地进行，不得中断，并应将最高点的排气孔依次一一打开和关闭，使孔道内排气通畅。（　　）

9. 压浆液自拌制完成至压入孔道的时间不宜超过 1 h，且在使用前和压注过程中应连续搅拌。（　　）

【任务评价与分析】

活动过程评价

日期：

序号	评价要点	配分	得分	总评
1	能按要求接受任务	5		
2	能独立查阅相关资料	10		A≥85 分
3	能完成上述任务	60		75 分≤B≤84 分
4	能用专业术语进行交流	5		60 分≤C≤74 分
5	同学之间能相互合作	10		D≤59 分
6	能严格遵守作息时间、遵守纪律	10		
小结与建议				

任务九　钢筋混凝土和预应力混凝土梁式桥

【学习目标】

1. 熟悉梁板预制过程及要点。

2. 熟悉梁板运输、安装过程及要点。

3. 能参与装配式桥的施工。

4. 能按要求对施工过程进行检查检验并规范填写表格。

【任务描述】

熟悉并掌握梁板的预制及运输、安装过程；能根据施工方案等对施工进行全过程控制。

【工作流程与活动】

1. 梁（板）预制与运输（6 学时）。

2. 梁板架设与安装（8 学时）。

3. 现浇梁式桥施工（8 学时）。

学习活动一　梁（板）预制与运输

【学习目标】

1. 熟悉梁（板）的预制过程。

2. 熟悉梁（板）的起运、存放方法和注意事项。

3. 能对梁（板）预制的过程进行检查、监督与指导。

4. 能对梁（板）起吊、移运和堆放进行指导。

【建议学时】

6 学时。

【学习准备】

规范、工程资料、动画、图片、课件、教材。

任务描述	某中桥为一 3×13 m 的钢筋混凝土简支梁桥，桥宽 15 m，共 45 块板，参考下图及相关资料，试编制出一个预制场施工方案，并简述梁板的存放、运输注意事项 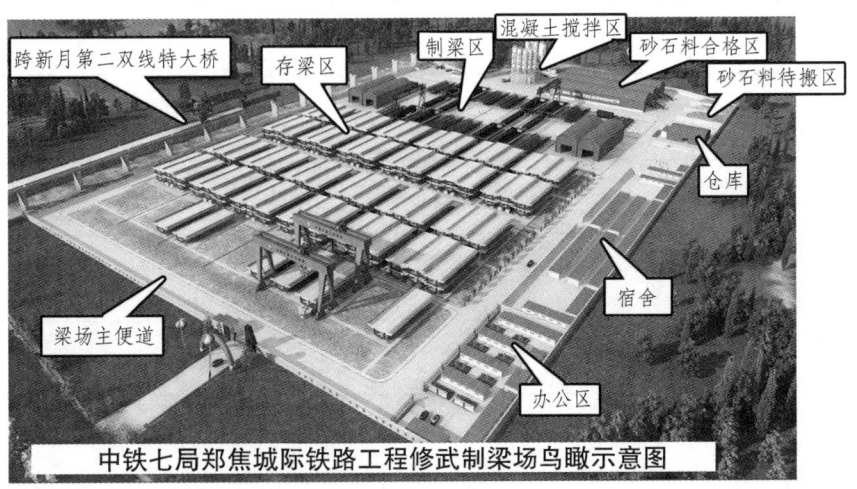 中铁七局郑焦城际铁路工程修武制梁场鸟瞰示意图
任务引导	查阅相关资料并讨论，找出以下知识和内容： 1. 参照上图，说明预制场多大面积更合适？怎样布置相关内容？ 2. 设置什么样的底模？设置多少块底模较适宜？ 3. 工期多少天为合适？ 4. 简述梁板预制过程。 5. 简述梁板预制过程中的控制项目和控制措施。 6. 简述梁板起吊的控制项目。 7. 简述梁板存放的注意事项。存放期不得超过多少天？ 8. 简述梁板运输过程中的注意事项 

1. 答：_____

_____

2. 答：_____

_____

3. 答：_____

_____

4. 答：_____

_____

5. 答：_____

_____

6. 答：_____

_____

7. 答：_____

_____

8. 答：_____

_____

【任务思考与练习】

一、单选题

1. 装配式预制梁（板）在出坑、移运、堆放时，混凝土强度不应低于设计规定的吊装强度；设计未规定时，应不低于设计强度的（　　　）。

A. 70%　　　　　　　B. 75%　　　　　　　C. 80%　　　　　　　D. 85%

2. 预应力混凝土梁（板）的存放时间不宜超过（   ）。

A. 3 个月　　　　　B. 4 个月　　　　　　　C. 2 个月　　　　　　　　D. 5 个月

二、判断题

1. 梁（板）构件存放时，其支点应符合设计规定的位置，可将构件直接支承在坚硬的存放台座上。（   ）

2. 预制简支梁运输时应竖立放置，并用斜撑支撑，以防梁倾倒。（   ）

【任务评价与分析】

活动过程评价

日 期：

序号	评价要点	配分	得分	总评
1	能按要求接受任务	5		A≥85 分 75 分≤B≤84 分 60 分≤C≤74 分 D≤59 分
2	能独立查阅相关资料	10		
3	能完成上述任务	60		
4	能用专业术语进行交流	5		
5	同学之间能相互合作	10		
6	能严格遵守作息时间、遵守纪律	10		
小结与建议				

学习活动二　梁板架设与安装

【学习目标】

1. 熟悉桥梁上部结构各安装方法。
2. 熟悉各梁（板）安装施工工序。
3. 能根据具体情况，选用合理的梁（板）安装方法。
4. 能理解桥梁上部结构安装注意事项及安装质量标准。

【建议学时】

8学时。

【学习准备】

规范、工程资料、动画、图片、课件、教材。

【学习过程】

任务描述	某高速公路 K327＋050 处有一座 6～20 m 先张法预应力箱梁跨河大桥，河流宽度 100 m，水位较深，桥墩高度为 50 m，试选择合理的安装方法，描述、模拟梁板的安装 
任务引导	1. 简述梁板安装方法及各自的优缺点。 2. 简述梁板安装过程。 3. 简述桥梁板安装的注意事项。 4. 分组模拟导梁组装和架设过程

1. 答：_____

_____

_____

2. 答：_____

_____

_____

_____

3. 答：_____

_____

_____

_____

4. 答：_____

_____

_____

【任务思考与练习】

一、单选题

1. 在墩高、水深的情况下，适宜架设多孔中小跨径装配式桥梁的安装方法为（　　　）。
   A. 自行式吊车桥上架梁法　　　　　　B. 双导梁穿行式架梁法
   C. 联合架桥机架梁法　　　　　　　　D. 移动式支架架梁法

2. 自行式吊车桥上架梁法的优点为（　　　）。
   A. 此种架梁方法简单方便，几乎不需要任何辅助设备
   B. 高空作业较少，施工较安全，吊装能力大，可以用一套浮运设备架设安装多跨同跨径预制梁，较为经济
   C. 完全不设桥下支架，不受水深流急影响，架设过程中不影响桥下通航、通车，预制梁的纵移、起吊、横移、就位都比较方便
   D. 机动性好，不需要动力设备，不必进行架设设备的准备工作，架设速度快，适合于陆地架设

二、判断题

1. 浮运架设法是将预制梁用各种方法移装到浮船上，并浮运到架设孔后就位安装。（　　）
2. 联合架桥机安装梁（板）的缺点是架设设备用钢量不多，但不可周转使用。（　　）

【任务评价与分析】

活动过程评价

日 期：

序号	评价要点	配分	得分	总评
1	能按要求接受任务	5		A≥85分 75分≤B≤84分 60分≤C≤74分 D≤59分
2	能独立查阅相关资料	10		
3	能完成上述任务	60		
4	能用专业术语进行交流	5		
5	同学之间能相互合作	10		
6	能严格遵守作息时间、遵守纪律	10		
小结与建议				

学习活动三　现浇梁式桥施工

【学习目标】

1. 熟悉支架现浇梁的施工程序、要点。
2. 了解移动模架现浇梁、挂篮悬灌梁的施工程序、要点。
3. 能读懂现浇梁的施工组织设计。
4. 能按要求对某一施工环节进行检查、监督。

【建议学时】

8学时。

【学习准备】

规范、工程资料、动画、图片、课件、教材。

【学习过程】

任务描述	阅读一支架现浇连续箱梁的施工方案，叙述其施工程序、控制要点、注意事项等 

任务 描述	
任务 引导	查阅相关资料并讨论，找出以下知识和内容： 1. 支架设计需要验算哪些内容？ 2. 对支架模板的安装需检查哪些项目？ 3. 钢筋、预应力管道需检查哪些项目？ 4. 混凝土的浇筑顺序是什么？ 5. 怎么保证混凝土的浇筑质量？ 6. 何时施加预应力？施加预应力的顺序、过程是怎样的？ 7. 支架、模板何时拆除？怎样拆除？ 8. 通过阅读施工方案，你觉得在哪些方面需要进一步的调整、优化？

1. 答：_____

_____

2. 答：_____

_____

3. 答：_____

_____

4. 答：_____

_____

5. 答：_____

_____

6. 答：_____

_____

7. 答：_____

_____

8. 答：_____

_____

【任务评价与分析】

活动过程评价

日 期：

序号	评价要点	配分	得分	总评
1	能按要求接受任务	5		A≥85分 75分≤B≤84分 60分≤C≤74分 D≤59分
2	能独立查阅相关资料	10		
3	能完成上述任务	60		
4	能用专业术语进行交流	5		
5	同学之间能相互合作	10		
6	能严格遵守作息时间、遵守纪律	10		
小结与建议				

任务十　桥面系施工

【学习目标】

1. 掌握伸缩缝装置的安装过程。
2. 熟悉桥面防水层的施工过程。
3. 熟悉桥面铺装层的施工过程。
4. 熟悉桥面附属工程的施工过程。
5. 掌握伸缩缝安装过程及要点。
6. 能进行桥面防水层和铺装层的施工指导。

【任务描述】

阅读并熟悉桥面系施工方案，模拟毛勒伸缩缝的安装过程。

【建议学时】

4 学时。

【学习准备】

施工规范、工程资料、图片、课件、教材。

【学习过程】

任务一 描述	阅读并熟悉桥面系施工方案，桥面铺装是桥面系的主要组成部分，简述桥面铺装的施工过程 

任务引导	查阅相关资料并讨论，找出以下知识和内容： 1. 桥面系由哪几部分组成？ 2. 桥面铺装的作用是什么？ 3. 简述桥面铺装的施工过程。 4. 防水层的作用是什么？设置防水层时应注意哪些问题？ 5. 通过阅读施工方案，你觉得在哪些方面需要进一步调整、优化？
任务二描述	模拟毛勒伸缩缝的安装过程
任务引导	查阅相关资料并讨论，找出以下知识和内容： 1. 伸缩缝安装需要注意哪些问题？ 2. 伸缩缝有哪几种？ 3. 伸缩缝型号的意义是什么？ 4. 叙述伸缩缝安装过程。 5. 你觉得在施工方面哪些地方需要进一步调整、优化？

任务一

1. 答：_____

_____

2. 答：_____

_____

3. 答：_____

_____

4. 答：_____

_____

5. 答：_____

_____

任务二

1. 答：_____

_____

2. 答：_____

_____

3. 答：_____

_____

4. 答：_____

_____

5. 答：_____

_____

【任务思考与练习】

一、单选题

1. 以下工序在安装橡胶伸缩板之后进行的是（   ）。

    A. 主梁吊装就位   B. 模板定位预埋螺栓

    C. 焊接锚筋   D. 浇灌混凝土

2. 橡胶伸缩缝装置施工时为了保证施工的平整性，安装后的板式橡胶伸缩装置，应不低于桥面，一般以高出桥面（   ）为佳。

    A. 1 ~ 2 mm   B. 2 ~ 3 mm   C. 3 ~ 4 mm   D. 4 ~ 5 mm

3. 毛勒伸缩缝安装前应认真检查槽内预埋钢筋，要保证沿缝方向每米范围内至少有（   ）根预埋钢筋与毛勒伸缩缝的锚环牢固焊接。

    A. 2   B. 1   C. 4   D. 3

4. 拱桥采用卷材防水时，卷材搭接长度，长边不小于（   ）mm，短边不小于 150 mm；接缝应互相错开。

    A. 150   B. 120   C. 100   D. 90

5. 拱桥采用卷材防水时，在转角处，卷材的搭接缝应留置在底面上距侧墙不小于（   ）mm 的位置。

    A. 500   B. 600   C. 700   D. 800

6. 拱桥防水采用的水泥砂浆应分层铺设，每层厚度为（   ）mm，前层初凝后再铺设后一层，总厚度不宜小于 20 mm。

    A. 20 ~ 15   B. 15 ~ 10   C. 25 ~ 20   D. 5 ~ 10

7. 人行道顶面一般高出桥面（   ）。

    A. 150 ~ 200 mm   B. 250 ~ 300 mm

    C. 300 ~ 350 mm   D. 200 ~ 250 mm

8. 预应力桥梁架梁前发现预拱度过大，不可以采取的措施是（   ）。

    A. 降低墩顶高程   B. 减少垫石厚度

    C. 减小铺装层厚度   D. 调整桥面标高

二、判断题

1. 设置伸缩装置的目的就是满足结构的变形要求，保证桥的平整和防止梁端撞击梁端、梁端撞击台背。（   ）

2. 摊铺路面之前，必须首先清理预留间隙，用砂袋或级配砂石袋填实槽口。目的在于防止摊铺设备压坏预埋钢筋，便于路面连续摊铺。（   ）

3. 桥面连续的实质就是将简支梁在伸缩缝处的桥面部分做成连续的，由于此处的刚度不大，所以不会影响简支梁的基本受力性质，使主梁仍能保持简支体系的受力特征。（   ）

4. 桥面连续一般为 3 ~ 7 跨为一联。（   ）

5. 桥面铺装层既是受力层，又是保护层。（　　）

6. 现浇的安全带宜每隔 2.5～3.0 m 做一断缝，以避免与主梁的收缩不一致而被拉裂。
（　　）

7. 人行道梁必须采用稠水泥砂浆来安装，并以此来形成人行道顶面的横向排水坡。
（　　）

【任务评价与分析】

活动过程评价

日期：

序号	评价要点	配分	得分	总评
1	能按要求接受任务	5		A≥85 分 75 分≤B≤84 分 60 分≤C≤74 分 D≤59 分
2	能独立查阅相关资料	10		
3	能完成上述任务	60		
4	能用专业术语进行交流	5		
5	同学之间能相互合作	10		
6	能严格遵守作息时间、遵守纪律	10		
小结与建议				

任务十一 拱桥施工

【学习目标】

1. 熟悉中小跨径拱桥的施工过程及要点。
2. 了解大跨径拱桥的施工方法。

【任务描述】

熟悉并掌握中小跨径拱桥的施工过程；了解大跨径拱桥的施工方法。

【建议学时】

6 学时。

【学习准备】

施工资料、施工规范、动画、图片、课件、教材。

【学习过程】

任务一 描述	简述下图砌体拱桥的施工程序 

任务 引导	查阅相关资料并讨论，找出以下知识和内容： 1. 这样的拱桥可采用哪种方法施工？ 2. 拱圈砌筑程序是怎样的？ 3. 对拱圈所用砌石有什么要求？ 4. 砌筑过程中有哪些注意事项？
任务二 描述	下图为混凝土拱桥支架施工，查阅相关资料，说明施工过程及要点 
任务 引导	查阅相关资料并讨论，找出以下知识和内容： 1. 拱架搭设的要点。 2. 拱架使用哪种方法预压？预压重量为多少？如何检查、记录结果？ 3. 拱圈混凝土浇筑的顺序。 4. 混凝土浇筑过程中有哪些注意事项？ 5. 拱架何时拆除？如何拆除？
任务三 描述	下图为先梁后拱施工，简述其施工过程 

任务一

1. 答：_____

_____

2. 答：_____

_____

3. 答：_____

_____

4. 答：_____

_____

任务二

1. 答：_____

_____

2. 答：_____

_____

3. 答：_____

_____

4. 答：_____

_____

5. 答：_____

_____

任务三

答：_____

_____

_____

_____

_____

【任务思考与练习】

一、单选题

1. 砌体拱圈的辐射缝应垂直于拱轴线，辐射缝两侧相邻两行拱石的砌缝应互相错开，错开距离不应小于（　　　）。

    A. 80 mm
           B. 100 mm

    C. 120 mm
           D. 视情况确定

2. 封拱合龙宜在当日（　　　）气温且温度场较稳定的时段进行。

    A. 最高
           B. 平均

    C. 最低
           D. 视施工速度而定

3. 主缆采用钢丝绳的直径和数量应经计算确定，安全系数不小于（　　　）。

    A. 1.5
      B. 2
      C. 3
      D. 4

二、判断题

1. 拱圈砌筑都应从两拱脚对称向拱顶砌筑。（　　　）

2. 拱圈合龙温度应符合设计要求，设计未要求时，宜选择夜间气温较稳定时段的温度。（　　　）

3. 在多孔连续拱桥中，当墩台不是按单向推力墩设计时，应注意相邻孔间对称均匀施工。（　　　）

【任务评价与分析】

活动过程评价

序号	评价要点	配分	得分	总评
1	能按要求接受任务	5		
2	能独立查阅相关资料	10		A≥85分
3	能完成上述任务	60		75分≤B≤84分
4	能用专业术语进行交流	5		60分≤C≤74分
5	同学之间能相互合作	10		D≤59分
6	能严格遵守作息时间、遵守纪律	10		
小结与建议				

任务十二 斜拉桥、悬索桥施工

【学习目标】

1. 了解斜拉桥的施工过程和常用的施工方法。
2. 了解悬索桥的施工过程和常用的施工方法。
3. 了解斜拉桥、悬索桥的施工控制项目。
4. 能参与斜拉桥、悬索桥的施工。

【任务描述】

了解斜拉桥、悬索桥的常用施工方法和施工程序。

【建议学时】

4 学时。

【学习准备】

施工动画、施工规范、工程资料、图片、教材。

【学习过程】

任务一 描述	阅读一斜拉桥的施工方案或施工组织设计，叙述施工过程

任务一 引导	查阅相关资料并讨论，找出以下知识和内容： 1. 桥塔施工要点是什么？ 2. 斜拉桥主梁施工的方法有哪些？ 3. 主梁和拉索的施工程序一般是怎样的？
任务二 描述	阅读一悬索桥的施工方案或施工组织设计，叙述施工过程 
任务二 引导	查阅相关资料并讨论，找出以下知识和内容： 1. 导索过河（过江或山谷）的方法有哪几种？ 2. 悬索桥主梁施工的方法有哪些？ 3. 主梁和主缆的施工程序一般是怎样的？ 4. 高空作业的安全措施有哪些？
任务三 描述	

任务三
描述

任务一

1. 答: _____

_____

2. 答: _____

_____

3. 答: _____

_____

任务二

1. 答: _____

_____

2. 答: _____

_____

3. 答: _____

_____

4. 答: _____

_____

任务三

1. 答: _____

_____

2. 答: _____

_____

3. 答：_____

_____

4. 答：_____

_____

【任务思考与练习】

一、单选题

1. 跨越能力最具优势的桥型是（　　）。
   A. 连续梁桥　　　B. 系杆拱桥　　　　C. 斜拉桥　　　　　D. 悬索桥
2. 斜拉桥、悬索桥的桥塔都比较高，其施工多采用（　　）。
   A. 翻模　　　　　B. 滑膜　　　　　　C. 爬模　　　　　　D. 落地支架

二、判断题

1. 斜拉桥比悬索桥的跨越能力更大。（　　　）
2. 斜拉桥比悬索桥的刚度更大。（　　　）
3. 悬索桥必须有体积较大的混凝土锚碇。（　　　）

【任务评价与分析】

活动过程评价

日期：

序号	评价要点	配分	得分	总评
1	能按要求接受任务	5		
2	能独立查阅相关资料	10		A≥85分
3	能完成上述任务	60		75分≤B≤84分
4	能用专业术语进行交流	5		60分≤C≤74分
5	同学之间能相互合作	10		D≤59分
6	能严格遵守作息时间、遵守纪律	10		
小结与建议				

任务十三　涵洞施工

【学习目标】

1. 掌握各种涵洞的施工过程及要点。
2. 能指导、参与各种涵洞施工。
3. 能规范填写一些检查、检验表格。

【任务描述】

熟悉并掌握涵洞的施工过程；能编制涵洞施工方案并能进行全过程控制。

【工作流程与活动】

1. 拱涵、盖板涵施工（6 学时）。
2. 圆管涵、箱涵（6 学时）。

学习活动一　拱涵、盖板涵施工

【学习目标】

1. 熟悉盖板涵各部分的组成及施工流程。
2. 熟悉拱涵各部分的组成及施工流程。
3. 能指导盖板涵、拱涵施工。
4. 能进行盖板涵、拱涵的质量监督、检查。

【建议学时】

6 学时。

【学习准备】

施工规范、工程资料、图片、教材。

【学习过程】

任务一 描述	一孔 4.0 m 钢筋混凝土盖板暗涵，交角为 135°，涵长为 71.45 m。基础及台身均为 C20 混凝土，八字墙墙身均为浆砌片石，洞底铺砌及洞口铺砌均为 M10 浆砌片石，试阅读、叙述、分析其施工方案 
任务一 引导	查阅相关资料并讨论，找出以下知识和内容： 1. 指出图中各部分的名称。 2. 对涵洞洞身及八字墙进行放样。 3. 简述盖板涵的施工工艺流程。 4. 简述施工过程中的基本要求。 5. 简述涵洞施工中的检查项目、方法。
任务二 描述	工程概述：RK99＋476.17 拱涵为过人兼过水涵，与线路交角 60°斜交，孔数为 1，孔径为 5×3.5 m，全长 64.81 m。该拱涵基础为整体式基础，基础底宽为 12.01 m，基础采用 C25 钢筋混凝土，护拱及台身采用 C20 片石混凝土，拱圈采用 C30 钢筋混凝土，涵内基础采用 M7.5 浆砌片石，洞口八字墙及其基础采用 M10 浆砌片石。进水标高 71.99 m，出水口标高 71.80 m，涵洞上部填筑高度为 10.25 m。 

任务二 引导	查阅相关资料并写出施工方案（可参考相关的施工方案）。 1. 施工准备（技术、劳动组织、物资、现场等方面）。 2. 基坑开挖（放样、开挖方式、施工要求、基坑排水、基底检测等）。 3. 基础施工（基础底宽为 12.01 m，基础采用 C25 钢筋混凝土）。 4. 基坑回填夯实。 5. 台身及护拱施工（模板固定、材料等，C20 片石混凝土）。 6. 现浇拱圈（支架、模板、钢筋绑扎、混凝土浇筑）。 7. 进出口施工。 8. 涵背回填、涵底砌筑（材料、施工要求）

任务一

1. 答：_____

_____

2. 答：_____

_____

3. 答：_____

_____

4. 答：_____

_____

5. 答：_____

_____

任务二　简要施工方案：_____

_____

_____

_____

1. 答：_____

_____

2. 答：_____

_____

3. 答：_____

_____

4. 答：_____

_____

5. 答：_____

_____

6. 答：_____

_____

7. 答：_____

_____

8. 答：_____

_____

【任务思考与练习】

一、选择题

1. 拱涵施工的支架一般不包括（　　　）。
   A. 钢拱架　　　　　　　　　　　B. 木拱架
   C. 竹支架　　　　　　　　　　　D. 土牛拱胎支架

2. 预制构件的混凝土强度达到设计强度的（　　　）后，方可搬运安装。

A. 70% B. 75%

C. 80% D. 85%

3. 涵洞施工中用土牛拱胎代替拱架，拱胎填土应在涵台砌筑砂浆和现浇混凝土强度达到设计强度的（　　　）后，分层夯填。

A. 70% B. 75%

C. 80% D. 85%

二、判断题

1. 盖板涵主要由盖板、涵台、基础、洞身铺底、沉降缝及防水层等组成。（　　　）

2. 钢筋混凝土盖板涵施工一般分为盖板预制、吊装和现场浇注两种。（　　　）

3. 拱圈的现场浇筑施工，应连续进行，尽量避免施工缝。（　　　）

4. 拆卸拱架时，应沿桥涵的整个宽度上将拱架同时均匀降落，并从两边向跨中，逐步拆除。（　　　）

【任务评价与分析】

活动过程评价

日期：

序号	评价要点	配分	得分	总评
1	能按要求接受任务	5		A≥85分 75分≤B≤84分 60分≤C≤74分 D≤59分
2	能独立查阅相关资料	10		
3	能完成上述任务	60		
4	能用专业术语进行交流	5		
5	同学之间能相互合作	10		
6	能严格遵守作息时间、遵守纪律	10		
小结与建议				

学习活动二　圆管涵、箱涵施工

【学习目标】

1. 熟悉圆管涵各部分的组成及施工流程。
2. 熟悉箱涵各部分的组成及施工流程。
3. 能指导圆管涵、箱涵施工。
4. 能进行圆管涵、箱涵的质量监督、检查。

【建议学时】

6 学时。

【学习准备】

施工规范、工程资料、图片、教材。

【学习过程】

任务一 描述	某高速公路在 K68＋145 处有一 2 m 圆管涵洞，夹角为 88°14′，填土高度为 2 m，请简述其施工步骤 
任务 引导	查阅相关资料并讨论，找出以下知识和内容： 1. 管涵底座的设置要点是什么？ 2. 管节安装的技术要点是什么？ 3. 简述圆管涵的施工工艺流程。 4. 根据具体情况，说说如何检测圆管涵的质量情况？

任务二 描述	阅读、叙述、分析现浇箱涵施工方案  
任务 引导	1. 简述箱涵施工流程。 2. 挖基和底基检验方法和处理方法是什么？ 3. 现浇箱涵的施工顺序是什么？ 4. 箱涵施工要点是什么？ 5. 箱涵施工检查项目和要点是什么？

任务一

1. 答：＿＿＿＿＿＿＿＿＿＿＿＿＿＿＿＿＿＿＿＿＿＿＿＿＿＿＿＿＿

＿＿＿＿＿＿＿＿＿＿＿＿＿＿＿＿＿＿＿＿＿＿＿＿＿＿＿＿＿＿＿＿＿

2. 答：＿＿＿＿＿＿＿＿＿＿＿＿＿＿＿＿＿＿＿＿＿＿＿＿＿＿＿＿＿

＿＿＿＿＿＿＿＿＿＿＿＿＿＿＿＿＿＿＿＿＿＿＿＿＿＿＿＿＿＿＿＿＿

3. 答：＿＿＿＿＿＿＿＿＿＿＿＿＿＿＿＿＿＿＿＿＿＿＿＿＿＿＿＿＿

＿＿＿＿＿＿＿＿＿＿＿＿＿＿＿＿＿＿＿＿＿＿＿＿＿＿＿＿＿＿＿＿＿

4. 答：＿＿＿＿＿＿＿＿＿＿＿＿＿＿＿＿＿＿＿＿＿＿＿＿＿＿＿＿＿

＿＿＿＿＿＿＿＿＿＿＿＿＿＿＿＿＿＿＿＿＿＿＿＿＿＿＿＿＿＿＿＿＿

任务二

1. 答：_____

_____

2. 答：_____

_____

3. 答：_____

_____

4. 答：_____

_____

5. 答：_____

_____

【任务思考与练习】

一、单选题

1. 圆管涵平接管安装的接缝宽度宜为（   ），用有弹性的不透水材料嵌塞密实，严禁用加大接缝宽度的方式来满足涵洞长度要求。

    A. 5 ~ 10 mm   B. 10 ~ 15 mm

    C. 10 ~ 20 mm   D. 20 ~ 30 mm

2. 箱涵的预制构件混凝土强度达到设计强度的（   ）后，方可吊运、安装。

    A. 65%   B. 75%

    C. 85%   D. 95%

3. 箱涵混凝土强度到设计强度的（   ）后，方可拆除支架。

    A. 65%   B. 75%

    C. 85%   D. 100%

4. 箱涵混凝土达到设计强度的（   ）后，方可进行涵顶回填土。

    A. 65%   B. 75%

    C. 85%   D. 100%

二、判断题

1. 基坑开挖后应进行地基承载力的检验，若承载力达不到要求，应进行基底处理。（   ）
2. 箱涵与盖板涵的区别是盖板涵的台身与盖板是分开浇筑的。（   ）
3. 箱涵施工中应注意施工缝的设置位置，应设置在受力较大处。（   ）

【任务评价与分析】

活动过程评价

日 期：

序号	评价要点	配分	得分	总 评
1	能按要求接受任务	5		
2	能独立查阅相关资料	10		A≥85分
3	能完成上述任务	60		75分≤B≤84分
4	能用专业术语进行交流	5		60分≤C≤74分
5	同学之间能相互合作	10		D≤59分
6	能严格遵守作息时间、遵守纪律	10		
小结与建议				

附录　施工案例

案例一　支架现浇箱梁施工作业指导书
（中铁七局第二工程有限公司）

1　目　的

明确箱梁支架现浇施工工艺、操作要点和质量标准、规范和指导现浇箱梁施工作业。

2　编制依据

《客运专线铁路桥涵工程施工质量验收暂行标准》

《客运专线铁路桥涵工程施工技术指南》（TZ 213—2005）

3　适用范围

支架法施工适用于无通航和通行要求的桥跨，墩高在 15 m 以内，地基条件较好的地区施工。在地势平坦起伏不大地方宜采用满堂支柱式支架，在起伏较大的堙、堤段宜采用梁柱式支架。

4　施工方法及工艺要求

基本施工工艺流程为：

施工准备→地基处理→支架位置放线→支架搭设→支架校验调整→铺设纵横方木→安装支座→安装底模板、侧模板→底模板调平→支架预压→支架及底模调整→绑扎底板、侧板钢筋→安装波纹管→安装内模板→安装端模板→绑扎顶板钢筋→自检、报检→混凝土灌筑→混凝土养护→拆除边模和内模板→预应力张拉→压浆、封堵端头→养护→拆除底模板和支架→桥面铺装防水层及保护层→桥面系安装

4.1　支架、模板的设计

1. 支架设计。

支架工程设计分为：基础工程、支架、纵梁三个部分，要进行基底承载力、强度、刚度、挠度和稳定性检算，从而确定基础的形式、杆件的间距、数量和预留起拱度。支架强度安全系数大于 1.4，稳定性安全系数大于 1.5。

首先根据现场地质情况、桥跨结构，本着施工方便、安全、经济的原则选用支架类型。

（1）支架设计主要考虑以下因素：

① 地基处理方式及地基承载力。

② 荷载：模板和支架自重，梁体重量，施工人员和施工材料机具等行走运输或堆放的荷载，风力、水流冲击荷载等。

③ 支架搭设方式。

④ 支架的变形、沉陷等。

⑤ 预应力施工后支点反力的变化。

（2）支架设计主要检算以下因素：

① 强度检算：支架各构件按其计算图式进行强度计算，容许应力可按临时结构予以提高。

② 挠度验算。

③ 预拱度计算：包括梁体自重所产生的挠度、支架受荷载后产生的弹性变形和非弹性变形、支架基础的沉降量等。

强度、刚度、稳定性必须满足设计规范的要求。

2. 模板的构造与设计。

现浇梁的模板由侧模、内模、底模和端模组成。侧模板采用大块整体钢模板加工而成；底模可采用大块钢模或胶合板；内模及边角处的异形模板也可采用刨光处理的木模板或复合模板。

模板在设计制造应满足以下要求：

模板采用大块钢模板时，特殊部位模板要制做特型模板，模板排列规则有序，线条美观，模板缝隙严密平整，不漏浆，支撑牢靠，满足强度和刚度的要求。模板的全长及跨度要考虑反拱度及预留压缩量。

有足够的强度、刚度及稳定性，能够承受施工过程中可能产生的各项荷载及震动作用。

确保梁体各部位结构尺寸正确及预埋件的位置准确，且具有能经多次反复使用不致产生影响梁体外形的刚度。

构造和制造力求简单，拼装方便，提高装、拆速度和增加周转次数。接缝严实、紧密，保证在强烈振捣下不漏浆，模板表面平整、光滑。

附着式振动器交错布置，安设牢固。安装位置要将振动力先传向模板骨架，再由骨架传向面板。

4.2 支架施工

1. 支架基础施工。

支架现浇梁施工前，先对施工现场进行场地平整，对搭设支架的场地进行加固处理，在软基位置用碎石换填或做混凝土基础，确保地基承载力达到满布荷载的要求，使梁体混凝土浇筑后不产生沉降。

对处理好的施工场地进行放线。同时须做好地面的排水处理，周边设置排水沟。

当采用沉桩、承台基础时，先按放设的桩心位置打设管桩，再施工混凝土承台或型钢承台。浇筑混凝土基础时注意支架连接时用的预埋件的正确安装。

2. 支架搭设。

支架结构的搭建要稳固，杆件连接要牢靠。

（1）军用制式器材的拼装。

军用墩的拼装：拼装前要检查基础顶面平整度，其误差要≤3 mm。为减少高空作业量，拼装立柱前即上满接头板，立柱安装过程中随时检查立柱的垂直、方正与水平，立柱安装完毕后紧接着上拉撑。军用墩顶架设垫梁，立柱与垫梁间上满螺栓，垫梁挑出梁体外边缘1 m，作为施工完毕后军用梁的吊卸平台。垫梁上铺设枕木以便与军用梁柔性铰接。

军用梁的拼装：施工前先搭设组装平台，将标准构件拼装成整体后，用汽车吊提升至支墩顶，按设计位置就位。军用梁按简支梁使用，其支点放置在端构架的竖杆处。

（2）墩梁式支架的整体性处理：墩梁式支架通常采用军用梁或贝雷梁作为纵梁，军用墩或其他形式支墩作为临时支墩。军用梁或贝雷梁作为受力纵梁，其横向刚度通常较弱，在使用前，军用墩采用型钢和U型卡将各片连接成整体，军用梁全部吊装就位后，安装联系杆，使各片梁予以固定。然后沿梁横向铺设钢枕，钢枕两端挑出梁体外边缘各1 m作为施工作业平台。

（3）碗扣式支架搭设。

碗扣支架均采用外径ϕ48 mm标准杆件进行组装，每根立杆下端均设定型圆盘支座或木垫板，并按要求设置剪刀撑。立杆顶端安装可调式U形支托，先在支托内安装横向方木，再按设计间距和标高安装纵向方木及楔木垫块。钢管的整体稳定性是由基础的不均匀沉降、支架结构的稳定性控制。横桥向按照支架的拼装要求，严格控制竖杆的垂直度以及扫地杆和剪力撑的数量和间距。顺桥向支架和墩身连接，以抵消顺桥向的水平力。同时碗扣式支架通过钢管与军用墩支架连成一体，确保混合支架的强度和整体稳定性。

3. 支架的堆载预压。

支架搭设好后，铺设底模，进行预加载试压，以检查支架的承载能力，减小和消除支架的非弹性变形和地基不均匀沉降，从而确保混凝土梁的浇筑质量。加载材料使用砂袋，试压的最大加载为设计荷载的1.2倍。加载时按设计要求分级进行，每级持荷时间不少于10 min。

加载顺序为从支座向跨中依次进行。满载后持荷时间不小于 24 h，分别量测各级荷载下支架的变形值。然后再逐级卸载，当支架的沉降量偏差较大时，要及时对支架进行调整。

4. 支架施工须满足以下要求：

（1）支架要有足够的强度、刚度和满足稳定性的要求。

（2）要有简便可行的脱模措施。

（3）预压重量大于浇筑混凝土的重量。

（4）支架地基承载力必须满足要求，基础可采用明挖扩大基础、钢管桩基础或钻孔桩基础。

（5）根据预压时支架产生的弹性和非弹性变形，设置预拱度。

（6）支架基础有完好的排水系统。

4.3　现浇梁施工

1. 模板安装。

模板的安装要结合钢筋及预应力管道的埋设依次进行。

（1）安装前检查：

板面是否平整、光洁、有无凹凸变形及残余粘浆，模板接口处要清除干净；所有模板连接端部和底脚有无碰撞而造成影响使用的缺陷或变形，振动器支架及模板焊缝处是否有开裂破损，如有均要及时补焊、整修。

（2）铺设底模：

采用人工为主机械配合的方式施工。底模板安装前要考虑支架的预留拱度的设置调整、加载预压试验及支座板的安装。

（3）侧模安装：

先使侧模滑移或吊装到位，与底模板的相对位置对准，用顶压杆调整好侧模垂直度，并与端模联结好。

侧模安装完后，用螺栓联接稳固，并上好全部拉杆。调整其它紧固件后检查整体模板的长、宽、高尺寸及不平整度等，并做好记录。不符合规定者，要及时调整。

（4）内模安装：

内模安装要根据模板结构确定，当内模为拼装式结构时，可采用吊装方式安装内模。

内模安装完后，严格检查各部位尺寸是否正确。

（5）端模安装：

将胶管或波纹管逐根插入端模各自的孔内后，进行端模安装就位。安装过程中逐根检查是否处于设计位置。

端模安装要做到位置准确，连接紧密，侧模与底模接缝密贴且不漏浆。

安装模板时要注意预埋件的安装，严格按设计图纸施工，确保每孔梁上预埋件位置准确无误，无遗漏。

2. 支座、支座板安装。

安装支座前复测桥墩中心距离及支承垫石高程，检查锚栓孔位置及深度要符合设计要求。

支座安装要保持梁体垂直，支座上下板水平，不产生偏位。支座与支承垫石间及支座与梁底间密贴、无缝隙。支座四角高差不大于 2 mm，支座水平差不得大于 2 mm。在模板安装前详细检查支座位置，检查的内容有：纵、横向位置、平整度，同一支座板的四角高差，四个支座板相对高差。

支座安装后即按规定锚固支座螺栓，灌浆固定。

3. 现浇梁梁体施工。

现浇梁施工必须保证保护层强度和布置密度，钢筋加工和安装要准确，顶面高程要严格控制。混凝土浇筑是要有低向高处进行，注意对称浇筑。在施工过程中应派专人负责支架和模板的变形及沉降观测，发现问题及时处理。现浇梁的浇筑最好安排在白天进行。现浇梁的养护设备和设施必须事先准备妥当，制定详细的养护方案，确保梁体的混凝土质量。其它要求和施工方法与预制箱梁相同。

4. 模板拆除。

当梁体混凝土强度达到设计强度的 50%，混凝土芯部与表层、箱内与箱外、表层温度与环境温度之差均不大于 15 ℃，且能保证构件棱角完整时方可拆除侧模和端模。气温急剧变化时不宜进行拆模作业。

拆除前先检查卷扬机等设备的性能，并清理好拟进入的作业面。

（1）内模拆除。

（2）侧模及端模拆除。

侧模拆模时通过顶压机构使侧模脱离梁体，再通过卷扬机滑到相应的位置上。

拆模时，严禁重击或硬撬，避免造成模板局部变形或损坏混凝土棱角。

模板拆下后，要及时清除模板表面和接缝处的残余灰浆并均匀涂刷隔离剂，与此同时还要清点和维修、保养、保管好模板零部件，如有缺损及时补齐，以备下次使用。并根据消耗情况酌情配备足够的储存量。

5. 预应力施工。

（1）张拉工艺流程：制束→穿束→预张拉→初张拉→终张拉→锚具外钢绞线切割。

（2）下料与编束：钢绞线的下料采用砂轮切割机切割。按设计尺寸下料后，编束后用 20 号铁丝绑扎，间距 1 ~ 1.5 m。编束时应先将钢绞线用梳溜板理顺，并尽量使各根钢绞线松紧一致。

（3）穿束方法：人工穿束。预应力成孔采用预埋波纹管、内穿塑料管的方法施工。预应力钢绞线安装，在梁体混凝土强度达到张拉要求后进行。

（4）预应力施工采用 ZB4-500 油泵供油，用 YCW250B 千斤顶进行纵向张拉，张拉油表不低于 1.0 级。千斤顶标定有效期不超过一个月以及出现不正常现象时重新校验。油表检验与千斤顶视为一个单元进行检验，千斤顶在张拉作业前必须与油表配套校正，其校正系数不大于 1.05。

（5）预施应力按预张拉、初张拉、终张拉三个阶段进行。张拉前，应清除管道内杂物和积水。

（6）当混凝土强度应达到设计强度的 50%，此时箱梁带模预张拉，但模板应松开，不应对梁体压缩造成障碍，张拉数量、张拉力、张拉顺序符合设计要求；当梁体混凝土强度达到设计值的 80%，且侧模板拆除后，进行初张拉。张拉数量、张拉力、张拉顺序符合设计要求。梁体混凝土强度、弹模达到设计值、龄期不少于 10 d 后进行终张拉。

（7）采用四台千斤顶左右对称、两端同步进行张拉，按设计张拉顺序施工。按均衡对称，交错张拉的原则进行。张拉时根据测试的管道摩阻及喇叭口摩阻试验数据，调整张拉力，实行张拉力和伸长值指标双控，张拉以张拉力控制为主，以钢束伸长值进行校核。

（8）张拉操作程序：$0 \rightarrow 0.2\sigma_K$（测初始伸长值、测工具锚夹片外露）$\rightarrow \sigma_K$（测伸长值、测工具锚夹片外露、持荷 2 min）—补油至 $\sigma_K \rightarrow$ 回油到 0（测总回缩量、工作锚夹片外露量）。

（9）终张拉完成，24 h 后检查确认无滑丝、断丝现象，即可切割锚外多余钢绞线，用角磨机切割。

6. 孔道压浆。

终张拉完毕后，必须在 2 d 之内进行管道压浆作业。采用真空辅助灌浆工艺。压浆时及压浆后 3 d 内，梁体及环境温度不得低于 5 ℃。

（1）压浆水泥采用强度等级不低于 42.5 级低碱硅酸盐水泥或低碱普通硅酸盐水泥，掺入粉煤灰应符合《客运专线预应力混凝土预制梁暂行技术条件》3.2.7 条规定。浆体水胶比不超过 0.34，不得泌水，流动度控制在 30 ~ 50 s 之间。

（2）压浆前孔道用清水冲洗，高压风吹干，管道真空度稳定在 − 0.06 ~ − 0.10 MPa 之间；浆体注满管道后，在 0.50 ~ 0.60 MPa 下持压 2 min。压浆最大压力不超过 0.60 MPa。

（3）启动电机使搅拌机运转，然后加水，再缓慢均匀地加入水泥，拌合时间不少于 1 min，然后将调好的水泥浆放入压浆罐，压浆罐水泥浆进口处设 2.5 mm × 2.5 mm 过滤网，以防杂物堵管。

（4）压浆顺序：先下后上。首先由一端以 0.6 MPa 的恒压力向另一端压送水泥浆，当另一端溢出的稀浆变浓之后，达到规定的稠度后，保压 2 min 以上，封闭出浆口，继续压浆到压力达到 0.6 MPa，管道出浆口应装有三通管，必需确认出浆浓度与进浆浓度一致时，方可封闭保压，浆体注满管道后，应行校核。在 0.50～0.60 MPa 下持压 2 min，压浆最大压力不宜超过 0.60 MPa。若无漏浆则关闭进浆阀门卸下输浆胶管。

（5）压浆用的胶管一般不超过 30 m，若超过 30 m 则压力增加 0.1 MPa。水泥浆搅拌结束至压入管道的时间间隔不应超过 40 min。

7. 支架及底模的拆除。

在梁体张拉完成后，压浆强度达到设计强度，方可拆除支架和底模。梁底模及支架卸载顺序，严格按照从梁体挠度最大处支架节点开始，逐步向两端卸落相邻节点，当达到一定卸落量后，支架方可脱落梁体。

5 质量要求及验收标准

5.1 支架

1. 基础施工先清除表面松碎石块、淤泥、苔藓，表面平整干净。倾斜地段，将地表整平或挖成台阶；易风化的岩层基底，按基础尺寸凿除已风化的表面岩层。

2. 基础地质情况和承载力应满足设计承载力要求。

3. 支架搭设完后，节点连接牢固，整体稳定可靠。

4. 支架预压后，达到消除支架整体的非弹性变形，准确测出支架的弹性变形。

5.2 模板及钢筋

模板与钢筋的安装符合表 1、表 2 的规定。

表 1　模板尺寸允许偏差和检验方法

序号	项　　目	允许偏差/mm	检验方法
1	侧、底模板全长	±10	尺量检查各不少于 3 处
2	底模板宽	+5，0	尺量检查不少于 5 处
3	底模板中心线与设计位置偏差	2	拉线量测
4	桥面板中心线与设计位置偏差	5	
5	腹板中心位置偏差	10	尺量检查
6	隔板中心位置偏差	5	
7	模板垂直度	3/m	吊线尺量检查不少于 5 处
8	侧、底模板平整度	2/m	1 m 靠尺和塞尺检查各不少于 5 处
9	桥面板宽度	+10，0	尺量检查不少于 5 处
10	腹板厚度	+10，0	
11	底板厚度	+10，0	
12	顶板厚度	+10，0	
13	隔板厚度	+10，0	
14	模板预留预应力孔道偏离设计位置	3	尺量检查

表 2 钢筋安装允许偏差和检验方法

序号	项 目	允许偏差/mm	检验方法
1	桥面主筋间距及位置偏差（拼装后检查）	15	尺量检查不少于 5 处
2	底板钢筋间距及位置偏差	8	
3	箍筋间距及位置偏差	15	
4	腹板箍筋的不垂直度（偏离垂直位置）	15	
5	混凝土保护层厚度与设计值偏差	+5，0	
6	其他钢筋偏移量	20	

5.3 梁体混凝土

1. 混凝土施工的检验符合铁道部现行《铁路混凝土工程施工质量验收补充标准》的相关规定。

2. 梁体外形尺寸允许偏差和检验方法符合表 3。

3. 梁体及封端混凝土外观质量平整密实、整洁、不露筋、无空洞、无石子堆垒、桥面流水畅通。对空洞、蜂窝、漏浆、硬伤掉角等缺陷，需修整并养护到规定强度。蜂窝深度不大于 5 mm，长度不大于 10 mm，不多于 5 个/m²。

表 3 箱梁体梁体外形尺寸允许偏差和检验方法

序号	项 目	允许偏差/mm	检验方法
1	△梁全长	±20	检查桥面及底板两侧，放张或终张拉 30 d 后测量
2	△梁跨度	±20	检查支座中心至中心，放张或终张拉 30 d 后测量
3	桥面及挡砟墙内侧宽度	±10	检查 1/4 跨、跨中、3/4 跨和梁两端
4	腹板厚度	+10，−5	通风孔测量，跨中、1/4 跨、3/4 跨各 2 处
5	底板宽度	±5	专用测量工具测量，跨中、1/4 跨、3/4 跨和梁两端
6	桥面及挡砟墙内侧宽度	≤10	从支座螺栓中心放线，引向桥面
7	梁高	+10，−5	检查两端
8	梁上拱	L/3 000	放张或终张拉 30 d 时
9	顶板厚	+10，0	专用工具测量，1/4 跨、跨中、3/4 跨、梁两端各 2 处
10	底板厚	+10，0	
11	挡砟墙厚度	±5	尺量检查不少于 5 处
12	表面垂直度	3/m	侧量检查不少于 5 处
13	梁面平整度	5/m	1 m 靠尺检查不少于 15 处
14	底板顶面平整度	10/m	1 m 靠尺检查不少于 15 处
15	钢筋保护层	不小于设计值	专用仪器每 10 米检查顶板、两侧腹板和底板等部位不少于四处

序号	项 目		允许偏差/mm	检验方法
16	上支座板	每块边缘高差	≤1	尺量
		支座中心线偏离设计位置	≤3	
		螺栓孔	垂直梁底板	
		△螺栓孔中心偏差	≤2	尺量每块板上四个螺栓中心距
		外露底面	平整无损、无飞边、防锈处理	观察
17	电缆槽竖墙、伸缩装置预留钢筋		齐全设置、位置正确	观察
	接触网支架座钢筋		齐全设置、位置正确	
	泄水管、管盖			
	桥牌		标志正确，安装牢固	

案例二　先张法预制空心板施工
（四川省公路桥梁建设集团有限公司）

本段共有 8 座中桥上部结构采用预应力空心板，共 500 片。预应力空心板长 16 m，计划在 4#预制场（香岛服务区）布置在预制台座，台长 200 m，宽 21 m，设 4 线梁板预制台座，每线台座可预制 10 片梁，1 个存梁场，1 个钢筋骨架绑扎场及木工房、钢筋加工房、水泥库、发电机房等。场内设有 1 台贝雷桁架拼成的 50 t 自行式龙门吊，为梁板的预制及吊运、装车服务。1 台拌和能力为 60 m³/h 的混凝土拌和站。混凝土采用罐车运输。

1. 张拉台座

（1）张拉台座设计为长线型槽式台座，长度为 180 m。传力柱和抗力墩整体参加受力而台座不受力，所以它必须有足够的强度和刚度。台座刚度对预应力影响较大，若刚度不够，台座变形较大，预应力损失就会较大。因此要求在梁板预制前在台座放入钢绞线，对张拉台座及横梁进行荷载试验，满足要求才能使用。经验算采用尺寸为传力柱边柱宽 35 cm、高 55 cm，中柱宽 60 cm，抗力墩埋深 150 cm，抗力墩张拉端及锚固端都布设钢筋，其余为 C30 素混凝土。传力柱轴线与钢绞线在同一平面内，使传力柱为轴心受压构件。张拉端及锚固端部预埋 $\delta = 16$ mm 的钢板，以使应力分散。

（2）台座底模的优劣直接影响着预应力空心板的几何尺寸及外观，所以在进行张拉台座底模施工时，必须严格控制其宽度、平整度和直顺度。宽度控制在 1 430 mm，平整度及直顺度控制在 3 mm 以内，采用水磨石底模。

2. 张拉机具的选择和使用

根据设计张拉力的大小选择千斤顶的吨位、行程以及与之相配套的高压油泵和油表。由于施加梁体上的预应力值的准确性对预应力空心板质量的影响至关重要，所以张拉机具进场之前，必须由有资格的检测单位进行千斤顶和油表的校验。张拉机具必须要由专人操作使用。

3. 原材料质量控制及混凝土配合比要求

（1）砂、石料、水泥的质量控制。

经检验合格后才能进场的砂、石料，必须分存堆放在已经硬化的硬地上，并且挂牌注明产地、规格，不得直接置于土地上，以防污染。水泥必须用水泥罐存放，且有防潮防水措施。

（2）钢筋及预应力钢材的质量控制。

所有钢筋及预应力钢绞线进场时必须有出厂合格证、产品质量证明书，并进行外观检查。钢绞线要逐盘检查，进行外观检查，表面不得有裂纹、毛刺、油污、锈蚀、机械损伤等缺陷。钢筋进场时，每 20 t 为一批；预应力钢绞线每 60 t 为一批，进行取样验收试验，经检验合格后，方可使用。钢筋及预应力钢绞线必须入棚，贮存于地面以上 0.5 m 的平台、垫木或其他支承上。

（3）外加剂的质量控制。

外加剂使用必须经过省指中心试验检验。性能符合要求，才能使用，且外加剂掺量必须严格控制。每盘混凝土所用外加剂应事称量备好，专人负责添加。要求外加剂专库存放。

4. 预应力空心板施工工艺

预应力空心板的张拉步骤如下：

（1）准备好经校验的张拉机具。

施工现场应具备经监理工程师批准的张拉程序、步骤、现场施工说明书及能够正确操作的施工人员。施工现场具备确保全体操作人员和设备安全的必要的预防措施，实施张拉时，应使千斤顶的张拉力作用线与钢绞线的轴线重合一致。

（2）清理台座。

本先张法底座为水磨石，张拉钢绞线前应先将台座上的尘土和磨制过程中的混凝土粉冲洗干净，以免影响涂刷隔离剂。

（3）涂刷隔离剂。

在清理好的台座上用毛刷涂刷隔离剂，一般要 2 ~ 3 遍，且要涂刷均匀，防止底座与梁体粘连，造成底座损坏。

（4）钢绞线的制作与安装。

① 钢绞线放置在锚固端，底部放在钢架上，置于混凝土平台上。

② 用切割机下料，依据现场条件，钢绞线下料长度误差控制在 1/5 000 以内。

③ 钢绞线下料完毕，放置在槽内台座上，并用钢筋架起，防止钢绞线下垂。

④ 放置预应力失效隔离套管，等张拉完毕后，定位套管，并把套管口封死，防止水泥浆进入套管内。

⑤ 装设张拉设备，准备预张。

（5）预张拉调整初应力。

现场施工采取预应力钢绞线整体同时张拉，因此张拉前必须调整初应力。其值取控制应力的 10% 即 19.53 kN；调整初应力时用 25 t 千斤顶一根一根的张拉，使钢绞线应力都为 19.53 kN。初张拉结束后，应仔细检查每根预应力筋的位置，是否与设计位置相符，否则应重新调整。

（6）钢绞线的张拉。

① 预张拉结束后，对千斤顶锚固端、前后钢横梁作一次详细检查。若一切正常，则开始预备张拉，张拉时用 2 台 300 t 千斤顶，2 台油泵供油，使 2 台千斤顶同时启动，千斤顶顶推前横梁，千斤顶通过丝杠带动后横梁，使钢绞线被张拉。张拉前在钢绞线上作一记号，作为测量伸长量的参考点。

② 张拉程序：

$0 \rightarrow$ 初应力 $0.1\sigma_{con} \rightarrow 1.05\sigma_{con}$（持荷 2 min）$\rightarrow 0 \rightarrow \sigma_{con}$（锚固）。

③ 初张拉结束后，安置好千斤顶进行张拉。张拉过程应匀速，两油泵压力表同时起动，

且每隔 5 MPa 油泵暂停供油，测量钢绞线伸长量是否一致，前后横梁是否保持平行，否则进行调整。在张拉过程中，抽查预应力钢绞线的预应力值，其偏差的绝对值不得超过按一个构件全部预应力总值的 5%，这项工作应重复进行。当应力达到 $1.0\sigma_{con}$ 时，测其伸长值，如果差值超过 ±5% 时应停止张拉，查明原因后，再进行张拉，当达到 $1.05\sigma_{con}$ 时，测其伸长值，并持荷 2 min。

④ 当超张拉结束后，放松至零，再张拉到 σ_{con}，测其伸长量。若合格，用扳手带好螺母进行锚固在前横梁上。再回油，使千斤顶复位。

⑤ 张拉时，注意检查钢绞线是否产生滑丝、断丝现象，如有则停止施工，进行更换。

⑥ 张拉完毕后，检查钢绞线的位置是否与设计位置一致，最大偏差不大于 5 mm。

⑦ 以上各工序都在监理工程师的监督下进行，只有在监理工程师检查确认许可后，方可进行下一步工序的施工。

预应力空心板的施工步骤如下：

（1）绑扎底板和腹板钢筋。

首先按设计要求进行钢筋的制作和加工，误差应保证在规范和有关技术文件的要求之内。人工在钢台座上分节绑扎钢筋骨架。

（2）布置预应力钢绞线。

钢筋绑扎完成后按设计要求装预应力钢绞线。在每片梁的两面三刀端利用模固定钢绞线，并接设计要求穿入塑料管进行失效处理。

（3）模板安装。

模板的安装应与钢筋绑扎相配合，底板和腹板钢筋绑扎完毕后可进行模板的安装。安装过程中按设计对保护层的要求，在底层钢筋和腹板外侧钢筋上绑扎混凝土垫块。模板安装可由人工配合龙门吊进行。安装前，先清除模板一的杂物，模板内面应涂刷脱模剂。浇筑混凝土前，应对模板、钢筋、预埋件或钢绞线进行检查，模板内的积水和钢筋上的污垢应清理干净。

（4）钢绞线张拉。

根据钢绞线的理计算伸长值，先用单顶逐根对钢绞线进行张拉，之后用大顶一次张拉到位，把张拉梁锁定后进行下道工序施工。

（5）空心板梁混凝土浇筑。

浇筑混凝土前首先按设计要求进行混凝土的配合比，在经过监理工程师的书面同意后，可掺入适量的减水剂（早强剂）或泵送剂，来保证混凝土具有良好的各易性，确保泵送的效果。施工现场应按砂石料的实际含水量进行配合比调整，并做好上料计算和试件的取样工作。鉴于梁体截面的限制，浇筑采用先底板、腹板后顶板的浇筑顺序施工，混凝土浇筑一次完成，浇筑混凝土时应注意内模的上浮，并采取一定的措施：如拉筋、压板的方法。混凝土浇筑过程中应仔细振捣，尤其是底板、腹板的混凝土。浇筑中禁止振动器接触钢绞线，以免损伤钢绞线，造成钢绞线的应力损失。

（6）梁体养护。

混凝土浇筑完毕后，应先收浆后尽快予以覆盖和洒水养护，覆盖时不得损伤或污染混凝土表面。当气温低于 5 ℃时，应覆盖保温，不得向混凝土洒水。养护用水应与拌合水相同。混凝土达到 2.5 MPa 前，不得使其承受行人、运输工具、模板、支架等荷载。

（7）模板拆除。

梁体养护到一定强度后（一般为 2.5 MPa）拆除，内模由人工拆除，侧模由人工配合龙门吊进行拆除，避免损伤混凝土边角。

（8）钢绞线放张。

混凝土达到设计要求的强度后进行应力放张，应力放张应均匀、缓慢进行，以保证梁体的安全和工程质量。

（9）封端、移梁。

钢绞线放张完毕后，用手持式砂轮切割机切除钢绞线，用砂浆封端，之后用龙门吊将梁体从槽内吊出，存放在存梁场。